道路交通标志标线全知道

（第3版）

裴保纯　王秋红　主编

电子工业出版社
Publishing House of Electronics Industry
北京·BEIJING

内 容 简 介

许多交通事故、交通安全违法行为的发生缘于当事者违反了法规对交通标志或交通标线的规定。因此，汽车驾驶人要精准理解交通标志、交通标线的含义。本书对道路交通标志和交通标线从实用性的角度进行了系统的解读，根据交通标志、交通标线的含义，讲解了车辆安全驾驶的注意事项。为了增强读者对书中内容的理解，本书配有导读视频和插播视频。本书图文并茂，易于理解，内容新颖，实用性强，适合各类汽车驾驶人员阅读。

未经许可，不得以任何方式复制或抄袭本书之部分或全部内容。
版权所有，侵权必究。

图书在版编目（CIP）数据

道路交通标志标线全知道 / 裴保纯，王秋红主编 . —3 版 . —北京：电子工业出版社，2024.4
ISBN 978-7-121-47486-6

Ⅰ．①道⋯　Ⅱ．①裴⋯②王⋯　Ⅲ．①交通标志－基本知识　Ⅳ．① U491.5

中国国家版本馆 CIP 数据核字（2024）第 053933 号

责任编辑：管晓伟
文字编辑：杜　皎
印　　刷：河北迅捷佳彩印刷有限公司
装　　订：河北迅捷佳彩印刷有限公司
出版发行：电子工业出版社
　　　　　北京市海淀区万寿路 173 信箱　邮编：100036
开　　本：787×1092　1/16　印张：14.5　字数：372 千字
版　　次：2019 年 4 月第 1 版
　　　　　2024 年 4 月第 3 版
印　　次：2025 年 8 月第 3 次印刷
定　　价：80.00 元

凡所购买电子工业出版社图书有缺损问题，请向购买书店调换。若书店售缺，请与本社发行部联系，联系及邮购电话：（010）88254888，88258888。
质量投诉请发邮件至 zlts@phei.com.cn，盗版侵权举报请发邮件至 dbqq@phei.com.cn。
本书咨询联系方式：（010）88254460；guanphei@163.com；197238283@qq.com。

前言

道路上的汽车川流不息，还有许许多多的电动车和行人。如何确保各种车辆与行人能够有序、安全、畅通地在道路上通行呢？行之有效的方法就是在道路上设置交通标志和施划交通标线，以便传递道路交通信息，传达交通管理指令，实现对车流、人流的渠化，最大限度地减少车辆与车辆、车辆与行人之间的运动冲突。

每当我们驱车在道路上奔波时，形形色色的交通标志、交通标线便会映入眼帘。从迈进驾校大门学开车的那天起，我们就开始结识这些交通标志和交通标线了，不仅要能够叫出这些交通标志、交通标线的名称，还要能够理解这些交通标志、交通标线的含义。要不然，科目一、科目四的考试就无法过关。当然，拿到驾照之后，开车上路，我们与交通标志、交通标线的情缘并未就此了结。在车辆行驶过程中，我们一不小心，违反了法规对交通标志、交通标线的规定，就会被罚款、记分，事后才醒悟，自己还需要进一步加强对交通标志、交通标线的学习和了解。

如果说汽车驾驶技术的高低体现了汽车驾驶人员的硬实力，那么，对于交通标志、交通标线知识的储备和灵活、正确地运用则体现了汽车驾驶人员的软实力。许多交通事故、交通安全违法行为的发生缘于当事者违反法规对交通标志、交通标线的规定。因此，汽车驾驶人员不仅要认识交通标志和交通标线的式样，还要准确了解交通标志和交通标线的含义，以便准确、灵活地应对各种不同的交通情况。

本书编著者结合多年来的汽车驾驶亲身经历，以通俗的语言对道路交通标志、交通标线进行了系统的介绍，其中包括人们在交通管理实践中的一些创新。本书对于人们拿不准的交通标志、交通标线，如错位交叉路口标志、注意信号灯标志、避险车道标志、限制轴重标志、潮汐车道线、左弯待转区线、直行待行区线、右弯待转区线、非机动车等待区线、可变导向车道线等，进行了细致的讲解。本书还结合对交通标志、交通标线的介绍，有的放矢地讲解了有关的安全驾驶注意事项。书中的一些重要概念、交通标志及交通标线的图案，均引用或来自强制性国家标准 GB 5768.2—2022、GB 5768.3—2009；除个别情况外，交通标线的图案去除了尺寸标注。本书图文并茂，实用性强，适合各类汽车驾驶人员阅读。

本书自出版以来，受到了广大读者的欢迎。我国新版交通标志强制性国家标准 GB 5768.2—2022 于 2022 年 10 月 1 日开始实施，以此为契机，我们对《道路交通标志标线全知道》一书进行了修订，以便本书内容与现行国家标准一致。本次修订，进一步加强了对道路交通标志、交通标线解读的系统性和准确性，保留了每章开头的导读视频，以便读者快速浏览该章的内容。为了增强读者对书中内容的理解，本次修订在书中增加了一些动画插播视频，如湿滑路面车辆侧滑摆头怎么办、湿滑路面车辆侧滑甩尾怎么办、如何利用 T 形路口掉头、如何通过有人看守的铁路道口、如何通过潮汐车道、如何通过有左弯待转区的路口、如何通过有可变导向车道的路口、如何确认跟车距离、如何驶入高速公路、如何驶离高速公路等。

  本书由裴保纯、王秋红主编，于志青、韩宁为本书做了大量的编辑工作，靳琪慧为书中的导读视频和插播视频谱曲并演奏，靳琪慧、裴保纯为书中的视频配音。由于编著者水平有限，书中难免有错误和不妥之处，恳请广大读者批评指正。

编 者

扫码看全书视频

目录

上篇　交通标志

01 第一章 交通标志概述

一、交通标志的概念　2　　二、交通标志的种类　2

02 第二章 禁令标志

一、提示让行标志　7　　六、限制宽度及高度标志　36
二、限制通行标志　9　　七、限制质量及轴重标志　37
三、限制行驶方向标志　14　　八、停车检查标志　40
四、限制停车标志　25　　九、禁止危险物品运输车辆驶入标志　40
五、禁止鸣喇叭及限制速度标志　32　　十、区域禁止及解除标志　41

03 第三章 指示标志

- 一、车辆行驶方向标志 … 42
- 二、环岛行驶标志 … 45
- 三、单行路标志 … 46
- 四、鸣喇叭及开车灯标志 … 48
- 五、最低限速及会车先行标志 … 50
- 六、行人及人行横道标志 … 51
- 七、车道行驶方向标志 … 53
- 八、专用车道标志 … 61
- 九、停车位置标志 … 65
- 十、专项通行路线标志 … 70

04 第四章 警告标志

- 一、警告路口的交通标志 … 72
- 二、警告道路线形变化的标志 … 77
- 三、警告道路动态变化的标志 … 80
- 四、警告地貌变化的标志 … 84
- 五、警告安全事项的标志 … 89

05 第五章 指路标志

- 一、一般道路指路标志 … 103
- 二、高速公路及城市快速路指路标志 … 114

06 第六章 其他标志

- 一、旅游区标志 … 128
- 二、告示标志 … 131
- 三、辅助标志 … 133

下篇　交通标线

07 第七章 交通标线概述

| 一、交通标线的概念 | 138 | 三、交通标线的种类 | 140 |
| 二、不同线条的功用 | 138 | | |

08 第八章 指示标线

| 一、纵向指示标线 | 142 | 三、其他指示标线 | 171 |
| 二、横向指示标线 | 166 | | |

09 第九章 禁止标线

| 一、纵向禁止标线 | 184 | 三、其他禁止标线 | 194 |
| 二、横向禁止标线 | 191 | | |

10 第十章 警告标线

一、纵向警告标线　205　　三、其他警告标线　216
二、横向警告标线　212

11 第十一章 容易混淆的标志标线

一、交通标志对比　218　　二、交通标线对比　221

上 篇
交通标志

第一章
交通标志概述

一、交通标志的概念

说起交通标志，大家都很熟悉。大街小巷，城市道路，高速公路，随处可见各式各样的交通标志。交通标志全称为"道路交通标志"，根据《道路交通标志和标线第2部分：道路交通标志》（GB 5768.2—2022）的定义，道路交通标志以颜色、形状、字符、图形等向道路使用者传递交通控制、引导信息[①]。交通标志与人们日常出行有着密切的关系，车辆驾驶人掌握交通标志知识，正确运用交通标志，更是至关紧要的。

二、交通标志的种类

交通标志按其作用的不同，可以划分为主标志和辅助标志两大类。主标志用于传递道路交通信息，传达道路交通管理指令。辅助标志用于对主标志进行补充、限制和说明。

在同一地点，可以单独设置主标志，也可以同时设置多个主标志，如图1-1所示。

图1-1 在同一地点设置多个主标志

---

① GB 5768.2—2022第4.1.1条。

辅助标志不能单独设置,只能设置在主标志的下方,对主标志起到补充说明的作用,如图1-2所示。

图1-2 辅助标志设置在主标志的下方

1. 主标志

主标志包括禁令标志、指示标志、警告标志、指路标志、旅游区标志、告示标志等多种类型。

(1)禁令标志。

禁令标志向道路使用者发出不能怎么做的交通管理指令,告诉人们哪些行为是禁止的。违反禁令标志的规定,将会构成交通安全违法行为。

禁令标志的颜色,除个别标志外,一般为白色底、红色边框、红色杠、黑色图形,图形压杠,如图1-3所示。

图1-3 禁令标志的颜色

禁令标志的形状一般为圆形,而停车让行标志为正八边形,减速让行标志为顶角向下的倒等边三角形,如图1-4所示。

a. 圆形　　　　b. 八边形　　　　c. 等边三角形

图1-4 禁令标志的形状

（2）指示标志。

指示标志向道路使用者发出必须怎么做的交通管理指令，告诉人们必须遵守的有关事项。违反指示标志的规定，将会构成交通安全违法行为。

指示标志的颜色，除个别标志外，一般为蓝色底、白色图形，如图1-5所示。

图1-5　指示标志的颜色

指示标志的形状分为圆形、长方形和正方形，如图1-6所示。

a. 圆形　　　　b. 长方形　　　　c. 正方形

图1-6　指示标志的形状

（3）警告标志。

警告标志向道路使用者提供前方道路的危险信息，警告人们要小心谨慎。忽视警告标志的提示，对人们的人身安全将会带来影响。

警告标志的颜色一般为黄色底、黑色边框、黑色图形，如图1-7所示。注意信号灯标志的图形为红、黄、绿、黑四色，如图1-8所示。叉形符号和斜杠符号为白色底、红色图形，如图1-9所示。

图1-7　警告标志的颜色　　　　图1-8　注意信号灯标志的颜色

a. 叉形符号　　　　b. 斜杠符号

图1-9　白色底、红色图形的警告标志

警告标志的形状为等边三角形或矩形，三角形的顶角朝上，如图 1-10 所示。

a. 等边三角形 　　　　b. 矩形

图1-10　警告标志的形状

（4）指路标志。

指路标志向道路使用者提供所在地点的地名和路名，提供道路前方到达地点的方向和距离。指路标志给人们的交通出行，特别是异地出行带来了便利。

指路标志分为一般道路指路标志、高速公路/城市快速路指路标志两种类型。除特别说明外，一般道路指路标志为蓝色底、白色图形、白色边框、蓝色衬边，如图1-11所示。高速公路和城市快速路指路标志为绿色底、白色图形、白色边框、绿色衬边，如图 1-12 所示。

图1-11　一般道路指路标志的颜色 　　　图1-12　高速公路指路标志的颜色

除个别标志外，指路标志的形状为长方形和正方形，如图 1-13 所示。

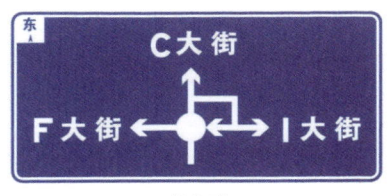

a. 长方形 　　　　b. 正方形

图1-13　指路标志的形状

（5）旅游区标志。

旅游区标志包括指引标志和旅游符号两种类型。设置在通往旅游区道路上的指引标志可以吸引和指引人们到达旅游区；设置在旅游区的旅游符号便于人们了解旅游项目。

旅游区标志的颜色为棕色底、白色字（图形）、白色边框、棕色衬边，如图 1-14 所示。

图1-14　旅游区标志的颜色

旅游区标志的形状为长方形和正方形，如图 1-15 所示。

a. 长方形　　　　　b. 正方形

图1-15　旅游区标志的形状

(6) 告示标志。

告示标志用于告知路外设施、安全行驶信息及其他信息，如图1-16所示。

图1-16　告示标志

2. 辅助标志

凡主标志无法完整表达或指示其规定时，为满足行车安全与交通畅通的需要，应设置辅助标志。辅助标志安装在主标志下方，紧靠主标志下缘。辅助标志的颜色为白色底、黑色字（图形）、黑色边框、白色衬边。辅助标志的形状为矩形，如图1-17所示。

图1-17　辅助标志的形状

第二章
禁令标志

一、提示让行标志

1. 停车让行标志

停车让行标志如图 2-1 所示，该标志设置在没有信号灯控制的支道至干道的入口处，与之对应的路面上施划有白色平行双实线，如图 2-2 所示。车辆行驶至施划有停车让行标线（双白实线）的地点时，应该停车瞭望，在确认不会影响干道车辆正常行驶的情况下，才能进入干道行驶。[①]

图2-1　停车让行标志

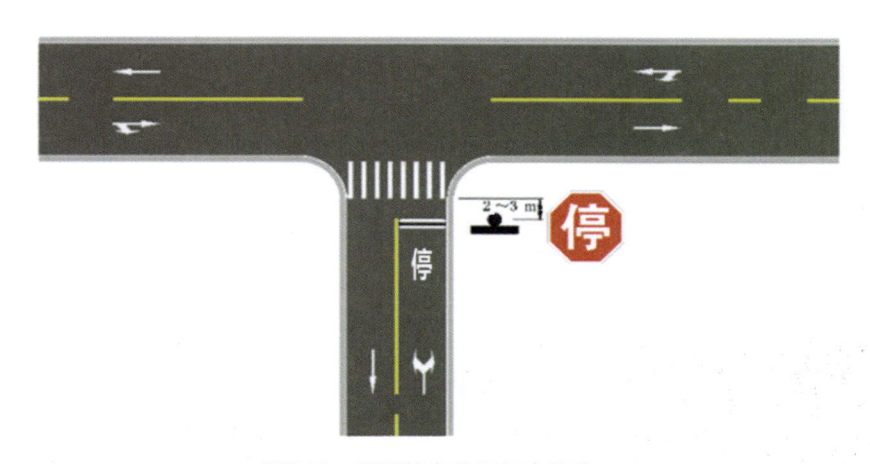

图2-2　设置停车让行标志的路口

2. 减速让行标志

减速让行标志如图 2-3 所示，该标志设置在没有信号灯控制的支道至干道的入口处，在对应的路面上施划有白色平行双虚线，如图 2-4 所示。车辆靠近施划有减速让行标志的地点时，应该提前减速，在确保干道车辆优先通行的前提下，才能进入干道行驶。

图2-3　减速让行标志

---

① 参见GB 5768.2—2022第5.2条。

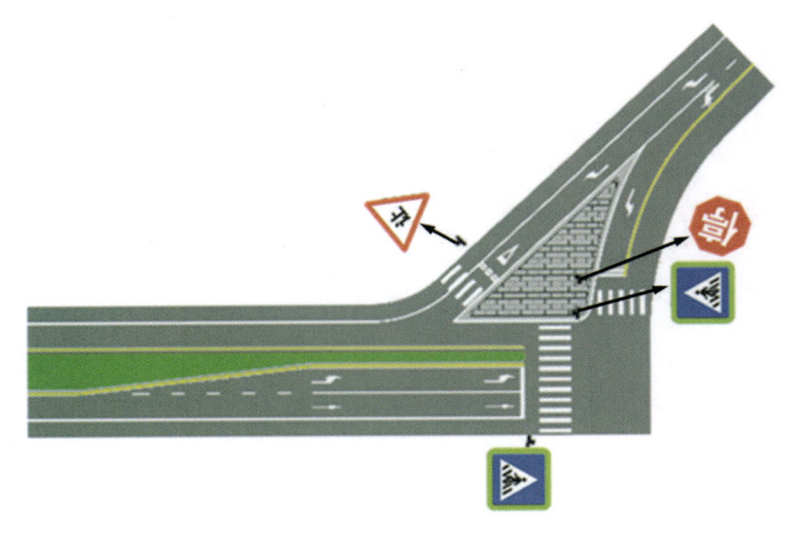

图2-4　设置减速让行标志的路口

3. 会车让行标志

会车让行标志表示面对该标志的车辆应该停车让对向来车优先通行，如图2-5所示。

图2-5　会车让行标志

会车让行标志设置在由于车道减少，由单向交通变为双向交通的路段，或者设置在因道路狭窄会车困难的路段，如图2-6所示。

图2-6　在狭窄路段设置会车让行标志

二、限制通行标志

1. 禁止通行标志

禁止通行标志表示前方道路禁止一切车辆和行人通行，如图2-7所示。"一切车辆"包括各种机动车和非机动车。

图2-7　禁止通行标志

2. 禁止驶入标志

禁止驶入标志表示前方道路禁止各种机动车和非机动车通行，该标志通常设置在步行街、游乐园、集贸市场的入口处等地点，如图2-8所示。

图2-8　禁止驶入标志

步行街的入口处设置禁止驶入标志，表示前方的步行街仅供行人通行，各种机动车和非机动车不得驶入，如图2-9所示。[①]

图2-9　步行街的入口处设置禁止驶入标志

---

① 参见GB 5768.2—2022第5.6条。

3. 禁止机动车驶入标志

禁止机动车驶入标志表示前方道路禁止各种机动车驶入，如图2-10所示。在单行路出口处设置禁止机动车驶入标志，可以避免机动车逆向驶入单行路，如图2-11所示。

图2-10　禁止机动车驶入标志

图2-11　单行路出口处的禁止机动车驶入标志

有些禁止机动车驶入的路段，对公交车是不限制的，如果盲目地尾随车体高大的公交车行驶，就很可能在无意间犯了"闯禁行"的错误，如图2-12所示。

图2-12　前方路段对公交车不禁行

4. 禁止某种机动车驶入标志

禁止某种机动车驶入标志表示前方道路禁止标志所示的某种机动车通行，如图 2-13 所示。其中，禁止拖拉机驶入是指禁止各类拖拉机通行；禁止摩托车驶入是指禁止各类摩托车驶入。

a. 禁止大型载客汽车驶入　　b. 禁止小型载客汽车驶入

c. 禁止载货汽车驶入　　d. 禁止挂车、半挂车驶入

e. 禁止拖拉机驶入　　f. 禁止三轮汽车、低速货车驶入

g. 禁止摩托车驶入　　h. 禁止某两种车辆驶入标志

图2-13　禁止某种机动车驶入标志

禁止某种机动车驶入标志可以单独设置，也可以在同一地点同时设置不同的限行车种。市区的高架路和立交桥主要是为小型车辆设计的，由于承载能力有限，禁止大型客车、载货汽车（含厢式货车）这些比较笨重的车辆进入高架路和立交桥行驶，如图 2-14 所示。

图2-14　高架路对某种车辆限行

在道路上设置的禁止载货汽车驶入标志，表示前方道路禁止载货汽车通行，如图2-15所示。

图2-15　前方道路禁止载货汽车通行

5. 禁止非机动车进入标志

禁止非机动车进入标志表示前方道路禁止各种非机动车通行，如图2-16所示。如图2-17所示，立交桥下方的道路没有施划非机动车道，不允许非机动车进入。

图2-16　禁止非机动车进入标志

图2-17　禁止非机动车进入的路段

6. 禁止某种非机动车进入标志

禁止某种非机动车进入标志表示前方道路禁止标志所示的非机动车进入，如图 2-18 所示。

a. 禁止电动自行车进入

b. 禁止畜力车进入

c. 禁止三轮车驶入

d. 禁止人力客运三轮车进入

e. 禁止人力货运三轮车进入

f. 禁止人力车进入

图2-18　禁止某种非机动车进入标志

7. 禁止行人进入标志

禁止行人进入标志表示前方道路禁止行人进入，如图 2-19 所示。

如图 2-20 所示，地下停车场的进出口路面狭窄，车辆进出频繁，又处在明暗交界处，为了确保行人安全，在地下停车场的进出口处设置了禁止行人进入标志。①

图2-19　禁止行人进入标志

图2-20　地下停车场进出口禁止行人进入

---

① 参见GB 5768.2—2022第5.20条。

三、限制行驶方向标志

1. 禁止向左转弯标志

禁止向左转弯标志表示前方路口禁止一切车辆向左转弯，如图2-21所示。图2-22所示的标志表示禁止载货汽车向左转弯。

图2-21　禁止向左转弯标志　　　　图2-22　禁止载货汽车向左转弯标志

如图2-23所示，从地面上施划的导向箭头可以看出，前方路口只能直行和向右转弯，与之相对应，道路右侧的交通标志提示，禁止车辆向左转弯。

图2-23　左转弯会导致逆行

2. 禁止向右转弯标志

禁止向右转弯标志表示前方路口禁止一切车辆向右转弯，如图2-24所示。图2-25所示的标志表示禁止小型客车向右转弯。

图2-24　禁止向右转弯标志　　　　图2-25　禁止小型客车向右转弯标志

如图2-26所示，前方路口横道为单行路，向左转弯为顺行，向右转弯为逆行，所以禁止车辆向右转弯。

图2-26　右转弯会导致逆行

3. 禁止直行标志

禁止直行标志表示前方路口禁止一切车辆直行，如图 2-27 所示。

图2-27　禁止直行标志

4. 禁止向左和向右转弯标志

禁止向左和向右转弯标志表示前方路口禁止一切车辆向左和向右转弯，如图 2-28 所示。

图2-28　禁止向左和向右转弯标志

5. 禁止直行和向左转弯标志

禁止直行和向左转弯标志表示前方路口禁止一切车辆直行和向左转弯，如图 2-29 所示。

图2-29 禁止直行和向左转弯标志

如图2-30所示，路口上方设置禁止直行和向左转弯标志。这个标志设置在立交桥一侧的桥体上，位置有点高，有些驾驶人开车时眼睛总是紧盯着地面，视野不够开阔，没有观察到这个标志，因此犯了"闯禁行"的错误。

图2-30 开车时视野要开阔一些

6. 禁止直行和向右转弯标志

禁止直行和向右转弯标志表示前方路口禁止一切车辆直行和向右转弯，如图2-31所示。

图2-31 禁止直行和向右转弯标志

7. 禁止掉头标志

禁止掉头标志表示禁止机动车在前方路段或路口掉头，如图2-32所示。

图2-32 禁止掉头标志

图 2-33 所示的地点为公交站点、立交桥二层匝道出口，前方还与一条横道相交，为了确保交通安全，在这种复杂路段设置了禁止掉头标志。

图2-33　复杂路段的禁止掉头标志

如图 2-34 所示，道路上的中央分隔带在这里留出了一个开口。一般来讲，这是为车辆在该路段掉头留下的开口。但是，在这个开口的两端都设置了禁止掉头标志，这是为什么呢？这是因为，在道路的左侧有消防队，为了便于消防车快速出警，特意将中央分隔带在这里打开了一个缺口。这个缺口并不是为车辆掉头开设的，过往车辆应该按照标志的提示行驶，不可在该地点掉头。

图2-34　消防队门前的禁止掉头标志

特别提示

哪些情形不准掉头

如图 2-35～图 2-42 所示，机动车在有禁止掉头或者禁止左转弯标志、标线的地点，以及在铁路道口、人行横道、桥梁、急弯、陡坡、隧道或者容易发生危险的路段，不得掉头。

图2-35　在有禁止掉头标志的地点不得掉头

图2-36　在有禁止左转弯标志、标线的地点不得掉头

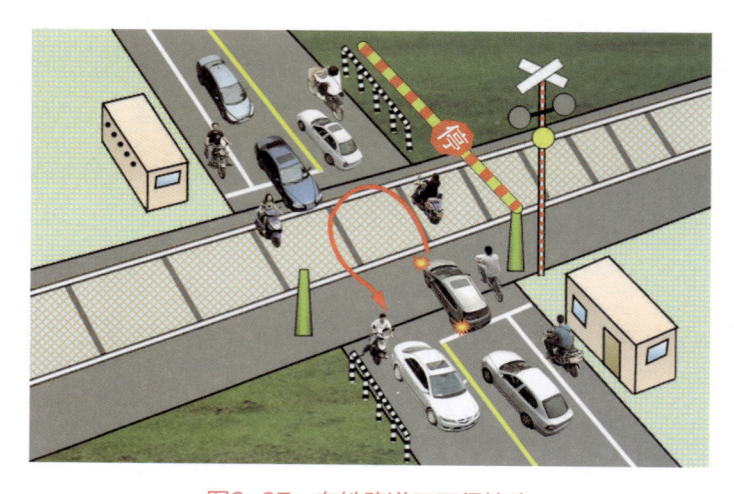

图2-37　在铁路道口不得掉头

图2-38　在人行横道不得掉头

图2-39　在桥梁不得掉头

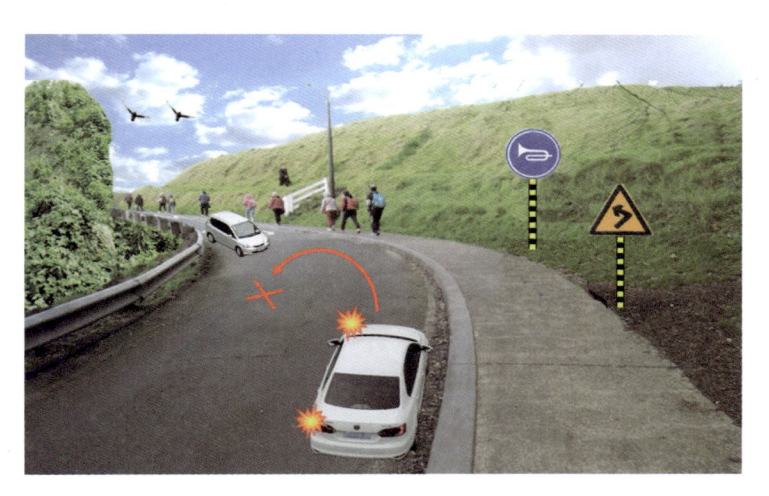

图2-40　在急弯路不得掉头

第二章　禁令标志

图2-41　在陡坡不得掉头

图2-42　在隧道不得掉头

8. 禁止超车标志

禁止超车标志表示前方路段禁止机动车超车，如图2-43所示。如图2-44所示，隧道入口处设置了禁止超车标志。

图2-43　禁止超车标志

图2-44　隧道入口处的禁止超车标志

9. 解除禁止超车标志

解除禁止超车标志与禁止超车标志相互对应，表示前方路段取消禁止超车的禁令，如图2-45所示。

图2-45　解除禁止超车标志

特别提示

在哪些情形下不准超车

（1）不要超越开启左转向灯的车辆。

如图2-46～图2-48所示的情形，在前车已经开启左转向灯时，后车不可超越前车，否则很可能发生车辆碰撞事故。

（2）不要在情况复杂的地点超车。

如图2-49～图2-54所示的情形，在行经交叉路口、弯道、隧道、人行横道、铁路道口、窄桥等交通情况复杂的地点时，后车不可超越前车，否则将会发生交通事故。

图2-46 前车正在左转弯时不准超车

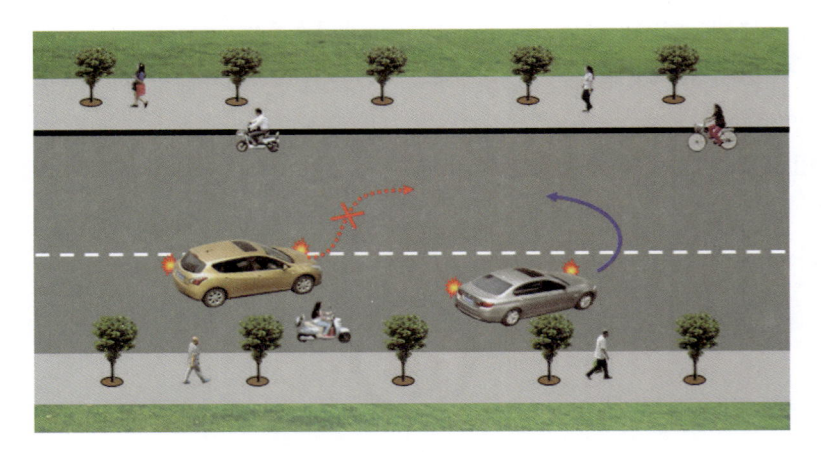

图2-47 前车正在掉头时不准超车

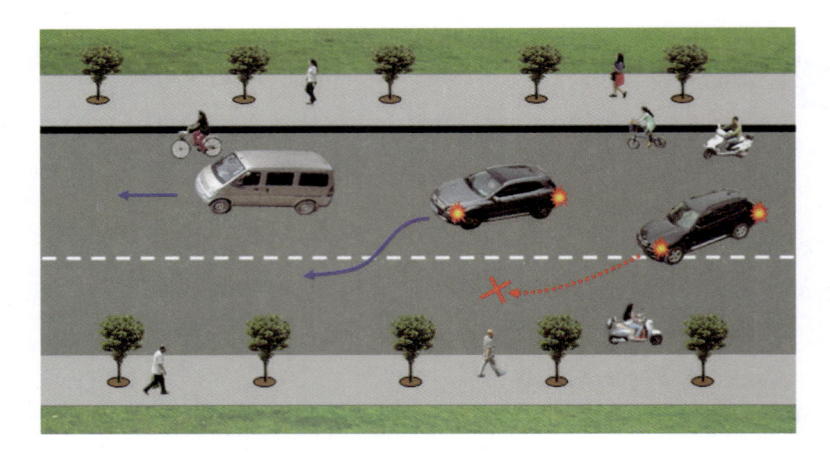

图2-48 前车正在超车时不准超车

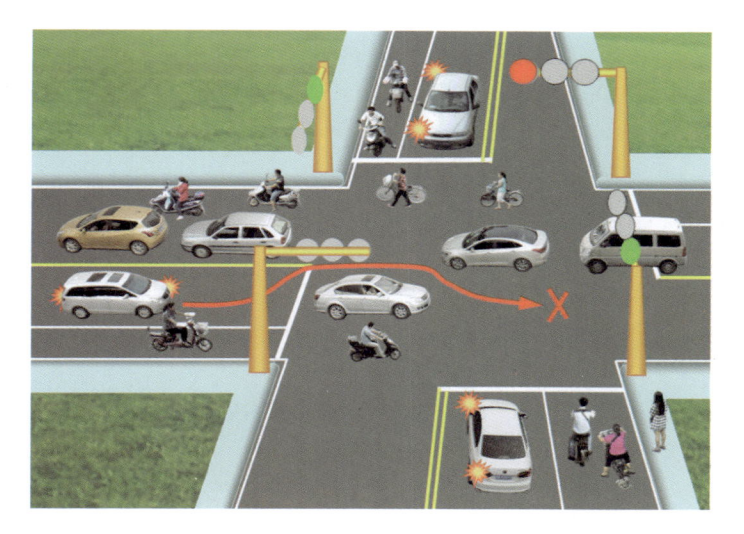

图2-49　不要在交叉路口超车

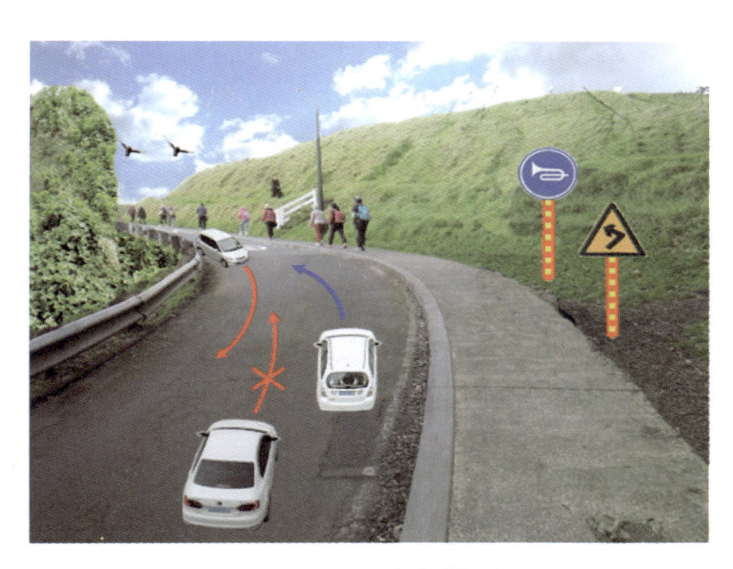

图2-50　不要在弯道超车

图2-51　不要在隧道超车

第二章　禁令标志

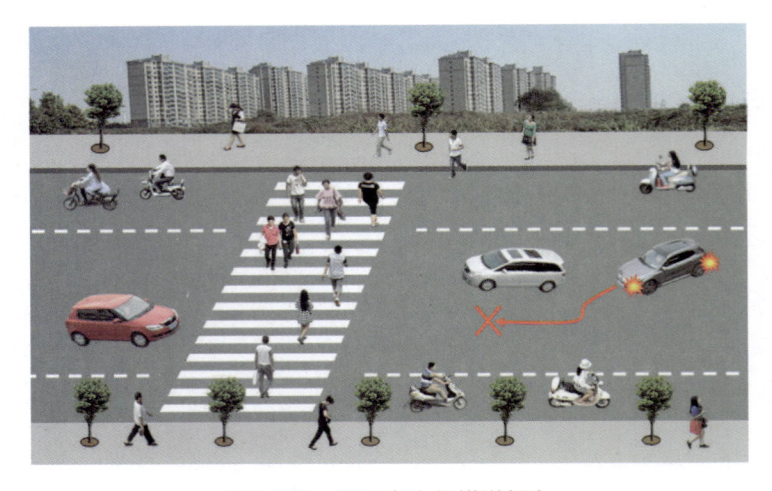

图2-52　不要在人行横道超车

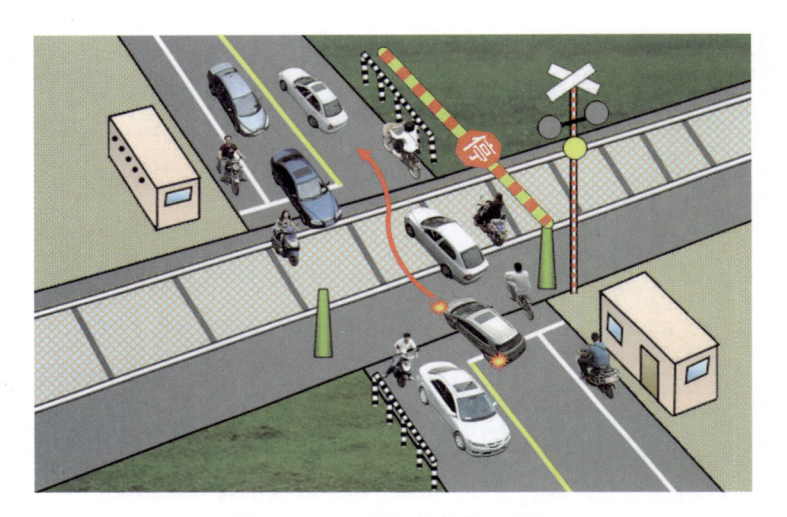

图2-53　不要在铁路道口超车

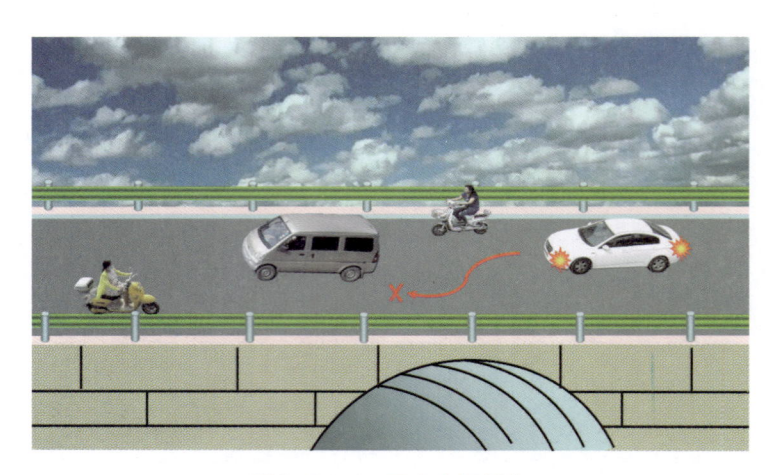

图2-54　不要在窄桥超车

如图 2-55 所示，在上下坡的路段施划有道路中心虚实线。车辆在陡坡路段行驶，要注意观察路面上的交通标线，上坡路段视距受限，难以观察对面是否有来车，应该靠道路右侧行驶，不可越过道路中心线超车，以免发生迎面撞击的交通事故。

图2-55　不要在上坡路段超车

（3）不可超越执行紧急任务的车辆。

不可超越执行紧急任务的警车、消防车、救护车、工程救险车。

执行紧急任务的车辆需要争分夺秒，在最短的时间内赶到现场，因此车速比较快，超越这些车辆势必发生超速行驶的交通安全违法行为。

四、限制停车标志

1. 禁止停车标志

禁止停车标志表示前方路段或场地禁止一切车辆停留和停放，如图 2-56 所示。停留是指发动机不熄火、驾驶人不离开车辆的短时间停车；停放是指驾驶人需要离开车辆的停车。图 2-57 所示为在道路上设置的禁止停车标志。

图2-56　禁止停车标志

a. 郊外公路的禁止停车标志

b. 市区道路的禁止停车标志

c. 全段禁停

图2-57 在道路上设置的禁止停车标志

2. 禁止长时停车标志

禁止长时停车标志表示前方路段或场地禁止车辆长时间停车，临时停车不受限制，如图2-58所示。临时停车是指车辆停车上下乘客或者装卸货物等，且驾驶人在车内或车旁守候。

图2-58　禁止长时停车标志

特别提示

哪些情形不准停车

（1）禁止停车的路段。

如图2-59所示，在设有禁停标志、标线的路段，在机动车道与非机动车道、人行道之间设有隔离设施的路段以及人行横道、施工地段，不得停车。

a. 有交通标志、交通标线的路段

b. 有隔离设施的路段

图2-59　不得停车的路段

c. 人行横道

d. 施工地段

图2-59 不得停车的路段（续）

（2）50米以内禁止停车的路段。

如图2-60所示，交叉路口、铁路道口、急弯路、宽度不足4m的窄路、桥梁、陡坡、隧道，以及距离上述地点50m以内的路段，不得停车。

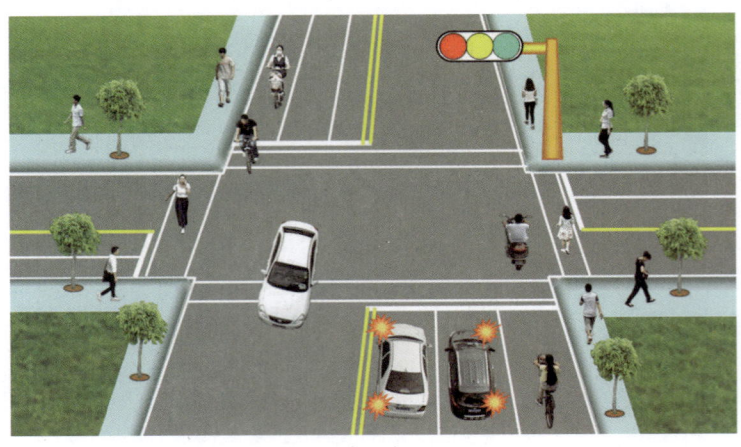

a. 交叉路口

图2-60 50m以内不得停车的路段

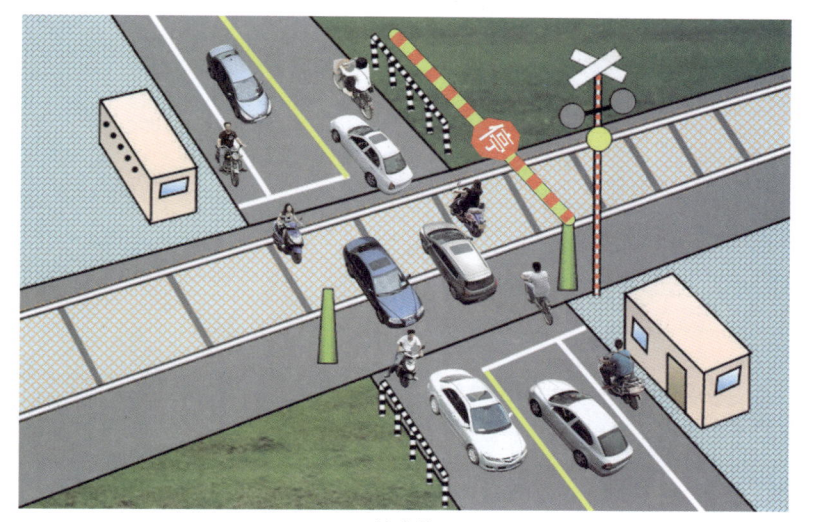

b. 铁路道口

c. 急弯路

d. 宽度不足 4 m 的窄路

图 2-60　50 m 以内不得停车的路段（续）

第二章　禁令标志

e. 桥梁

f. 陡坡

g. 隧道

图2-60　50 m以内不得停车的路段（续）

（3）30 m 以内禁止停车的路段。

如图 2-61 所示，公共汽车站、急救站、加油站、消火栓或者消防队（站）门前，以及距离上述地点 30 m 以内的路段，除使用上述设施的车辆以外，不得停车。

a. 公共汽车站

b. 急救站

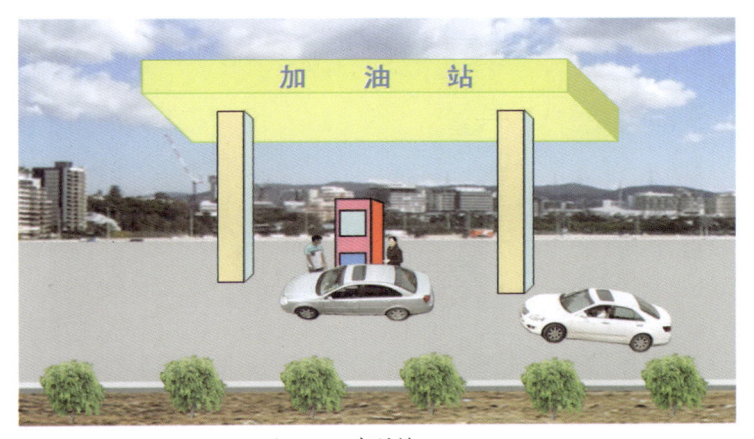

c. 加油站

图2-61　30 m以内不得停车的路段

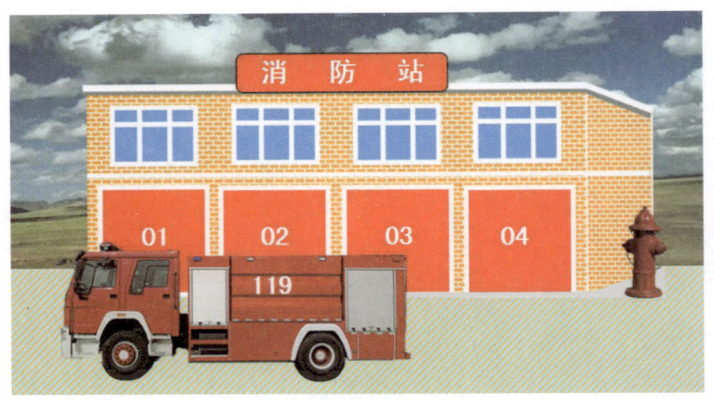

d. 消火栓或者消防队（站）门前

图2-61　30 m以内不得停车的路段（续）

五、禁止鸣喇叭及限制速度标志

1. 禁止鸣喇叭标志

禁止鸣喇叭标志表示前方道路禁止车辆鸣喇叭，如图2-62所示。

图2-62　禁止鸣喇叭标志

特别提示

市区道路慎用喇叭

近些年来，一些城市在道路上安装了声呐电子警察，在50 m的距离内可以自动辨别市区道路鸣喇叭的声音信号，由摄像头同步抓拍车辆号牌，再传输到声源自动辨别系统，进行声源定位和图像识别，在确认的车辆照片上显示彩色圆形标记，如图2-63所示，并且在道路上方的电子屏幕上显示违法鸣喇叭（号）车辆的号牌号码，如图2-64所示。

图2-63　违法鸣喇叭（号）车辆

图2-64 违法鸣喇叭（号）信息

在交通标志规定禁止鸣喇叭的路段鸣喇叭，属于交通安全违法行为。在交通标志规定鸣喇叭的路段没有鸣喇叭，也属于交通安全违法行为。

精选案例

汽车急促鸣喇叭导致他人惊吓摔伤

案例回放：

如图2-65所示，一辆轿车左转弯由岔道驶入前方不足6 m宽的单行路，轿车驾驶人发现右前方有一辆电动自行车，因为道路狭窄，便鸣喇叭提示电动自行车靠右让行。骑车人听到喇叭声急忙向右避让，由于受到惊吓，在被轿车超越的同时，连人带车摔倒在路旁。轿车驾驶人听到了响声，驶过约10 m之后，通过后视镜向后观察，自认为没有发生异常情况，于是扬长而去。

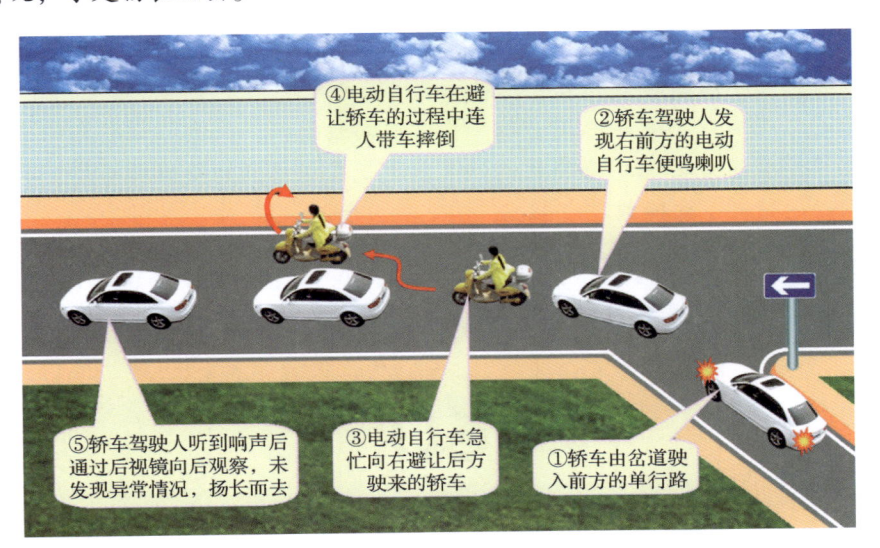

图2-65 轿车超越电动自行车

骑车人倒地之后，腰部剧烈地疼痛，难以起身。半小时后，两个好心的过路人报警，并将骑车人送往医院救治。

警方以交通肇事逃逸事故立案调查，追回了那辆轿车。经过现场勘查，并将轿车与电动自行车进行仔细比对，没有发现轿车与电动自行车之间有碰撞和剐蹭痕迹。

责任认定：

警方认定本起交通事故轿车驾驶人、骑车人负有同等责任。

案例评析：

在本起交通事故中，骑车人腰椎骨折，经司法鉴定为九级伤残。

本起交通事故的当事人对事故的责任认定均不予认可。轿车驾驶人及其投保的保险公司，以事故车辆双方没有发生接触为由，拒绝向骑车人进行事故赔偿。骑车人随即将轿车驾驶人及其投保的保险公司告上法庭。

在法庭上，轿车驾驶人认为自己的车辆没有与电动自行车接触，因此不构成交通事故，不应该承担对骑车人的损害赔偿，并指出骑车人疑似碰瓷。保险公司向法庭提供了与轿车驾驶人签订的机动车商业保险合同，其中的免责条款约定：保险车辆未发生碰撞事故，仅由惊恐引起，造成第三者或车上人员的行为不当所引起的伤残、死亡或怀孕妇女意外流产，保险人不负责赔偿。

法庭认为，在狭窄的路段轿车驾驶人鸣喇叭超越电动自行车，造成骑车人心理上的恐惧，轿车与电动自行车并行时横向间距过小，车辆行驶的气浪及震动，增加了事故发生的概率，轿车驾驶人应该尽到安全注意义务。因此，法庭肯定了交警部门做出的交通事故责任认定，轿车驾驶人应该对事故负有相应的责任。法庭认为，保险公司拒赔的理由不成立，保险公司应该在机动车交通事故责任强制保险范围内对原告骑车人进行赔偿。法庭判决，由被告保险公司向原告骑车人赔偿97268元，被告轿车驾驶人向原告骑车人赔偿3000元。

一审判决之后，被告方保险公司提出了上诉，二审维持原判。

案例启示：

不要认为没有发生物理接触就不构成伤害，民事损害赔偿的裁定是要考虑因果关系的，机动车在道路上行驶，会使周围的其他车辆及行人处于高度危险的状态，机动车驾驶人有责任对机动车周围的非机动车和行人承担安全义务。

本案中的电动自行车骑车人是一位年近六旬的老年人，汽车临近骑车的老年人时，驾驶人突然鸣喇叭可能具有适得其反的效果，首先应该想到的是降低车速，其次在确保横向安全间距的情况下才能通过。

2. 限制速度标志

限制速度标志表示车辆在前方道路行驶的时速不得超过标志所示数值，如图2-66所示。

图2-66　限制速度标志

如图2-67所示，该路段有中央分隔设施，无机动车道和非机动车道分隔设施，根据交通标志的提示，在该路段行驶的车辆最高时速不得超过50 km。

图2-67　道路上的限制速度标志

如图2-68所示，该路段为双向两车道的道路，有人行道护栏，无中央分隔设施，无机动车道和非机动车道分隔设施，根据交通标志的提示，在该路段行驶的车辆最高时速不得超过30 km。

图2-68　街道上的限制速度标志

3. 解除限制速度标志

解除限制速度标志表示前方路段解除标志所示的限速数值，如图2-69所示。

图2-69　解除限制速度标志

六、限制宽度及高度标志

1. 限制宽度标志

限制宽度标志设置在道路净空宽度受限制的地方,该标志表示禁止装载货物宽度超过标志所示数值的车辆通行,如图2-70所示。

图2-70 限制宽度标志

如图 2-71 所示,在河道上方架设的一座小桥,根据桥面宽度设置了限制宽度标志,禁止载物宽度超过 2 m 的车辆通过。①

图2-71 有限制宽度规定的桥面

2. 限制高度标志

限制高度标志设置在道路净空高度受限制的地方,如图 2-72 所示。限制高度标志表示禁止装载货物高度超过标志所示数值的车辆通行。

图2-72 限制高度标志

---

① 参见GB 5768.2—2022第5.32条。

图 2-73 所示的标志表示立交桥下方的限制高度为 3.6 m。如图 2-74 所示，靠近桥涵的限高杆上的限制高度标志表示车身高度超过 3.2 m 的车辆无法通过前方的桥涵。

图2-73　立交桥下的限制高度标志

图2-74　靠近桥涵的限制高度标志

七、限制质量及轴重标志

1. 限制质量标志

限制质量标志表示禁止总质量超过标志所示数值的车辆通行，如图 2-75 所示。限制质量标志设置在需要限制承载质量的立交桥、高架路及其他桥梁入口端的适当位置。

图2-75 限制质量标志

图 2-76 所示为设置在立交桥二层匝道入口处的限制质量标志,表示总质量超过 30 t 的车辆不得进入立交桥的二层行驶。

图2-76 二层匝道入口处的限制质量标志

如图 2-77 所示,在靠近跨河桥的地点设置了限制质量标志,表示总质量超过 25 t 的车辆不得通过前方的跨河桥。

图2-77 靠近跨河桥的限制质量标志

如图 2-78 所示,在高架路设置了限制质量标志,表示总质量超过 20 t 的车辆不得在此高架路行驶。

图2-78　高架路的限制质量标志

2. 限制轴重标志

限制轴重标志表示禁止轴重超过标志所示数值的车辆通行，如图 2-79 所示。

图2-79　限制轴重标志

轴重是指汽车某个车轴通过车轮对地面的压力。多数汽车有前轴和后轴两个车轴，有些汽车有前轴、中轴和后轴三个车轴，一些重型货车有四个以上的车轴，大型平板车的车轴就更多了，如图 2-80 所示。在汽车总质量一定的情况下，车轴越多，车轮对地面的压力越小。

a. 两轴汽车

图2-80　车轴数量不等的汽车

b. 四轴汽车

c. 多轴平板车

图2-80　车轴数量不等的汽车（续）

八、停车检查标志

停车检查标志表示机动车应停车接受检查，该标志设置在需要机动车停车接受检查的地点，如图2-81所示。

图2-81　停车检查标志

九、禁止危险物品运输车辆驶入标志

禁止危险物品运输车辆驶入标志表示前方道路禁止运输危险物品的车辆驶入，如图2-82所示。危险物品是指具有爆炸、易燃、毒害、腐蚀、放射性等特性的物品。

图2-82　禁止危险物品运输车辆驶入标志

十、区域禁止及解除标志

1. 区域禁止标志

区域禁止标志包括区域限制速度、区域禁止长时停车、区域禁止停车等标志,表示在一定区域禁止车辆的某种行为,如图2-83所示。

a. 区域限制速度　　b. 区域禁止长时停车　　c. 区域禁止停车

图2-83　区域禁止标志

2. 区域禁止解除标志

区域禁止解除标志包括区域限制速度解除、区域禁止长时停车解除、区域禁止停车解除等标志,表示前方解除禁止车辆的某种行为,如图2-84所示。

a. 区域限制速度解除　　b. 区域禁止长时停车解除　　c. 区域禁止停车解除

图2-84　区域禁止解除标志

区域禁止标志设置在禁止区域的所有入口处,区域禁止及解除标志设置在禁止区域的所有出口处,如图2-85所示。区域限制速度及解除标志通常用于城市中心区、居民聚居区。

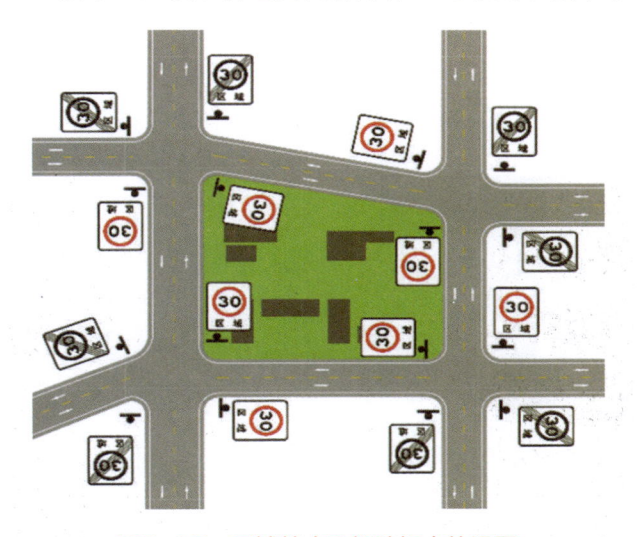

图2-85　区域禁止及解除标志的设置

第三章 指示标志

一、车辆行驶方向标志

1. 直行标志

直行标志表示一切车辆只准在前方路口直行,不准转弯,如图3-1所示。

图3-1 直行标志

2. 向左转弯标志

向左转弯标志表示一切车辆只准在前方路口左转弯,不准直行和向右转弯,如图3-2所示。如图3-3所示,前方道路只能向左转弯。

图3-2 向左转弯标志

图3-3 前方道路只能向左转弯

3. 向右转弯标志

向右转弯标志表示一切车辆只准在前方路口右转弯，不准直行和向左转弯，如图3-4所示。

图3-4　向右转弯标志

如图3-5所示，前方道路只能向右转弯。如图3-6所示，在禁止直行和向左转弯的路口，车辆只能向右转弯。

图3-5　前方道路只能向右转弯

图3-6　禁令标志与指示标志互补

4. 直行和向左转弯标志

直行和向左转弯标志表示一切车辆只准在前方路口直行和向左转弯，不准向右转弯，如图3-7所示。如图3-8所示，前方路口只能直行和向左转弯。

图3-7　直行和向左转弯标志

图3-8　前方路口只能直行和向左转弯

5. 直行和向右转弯标志

直行和向右转弯标志表示一切车辆只准在前方路口直行和向右转弯，不准向左转弯，如图3-9所示。

图3-9　直行和向右转弯标志

6. 向左和向右转弯标志

向左和向右转弯标志表示一切车辆只准在前方路口向左和向右转弯，不准直行，如图3-10所示。

图3-10　向左和向右转弯标志

7. 分隔带右侧行驶标志

分隔带右侧行驶标志表示一切车辆只准在分隔设施的右侧行驶，如图 3-11 所示。

图3-11　分隔带右侧行驶标志

在图 3-12 所示的路口，在中央绿化带的左侧行驶就属于逆行；应该按照指示标志的指引，在中央绿化带的右侧行驶。

图3-12　在中央绿化带的右侧行驶

8. 分隔带左侧行驶标志

分隔带左侧行驶标志表示一切车辆只准在分隔设施的左侧行驶，如图 3-13 所示。

图3-13　分隔带左侧行驶标志

二、环岛行驶标志

环岛行驶标志表示前方有交通情况复杂的环形交叉路口，车辆驾驶人要注意观察路口内的交通情况，如图 3-14 所示。

图3-14　环岛行驶标志

特别提示

谨慎通过有信号灯的环形交叉路口

环形交叉路口通常是不设交通信号灯的，但也有例外。图3-15为某市区的一个环形交叉路口，该路口由市区的5条主要道路交会而成，环岛内开通了南北方向，在环形交叉路口的每个交叉部位都配置有交通信号灯。车辆在经过这种交通流量大，交通信号灯、交通标志、交通标线设置复杂的环形交叉路口时，一定要格外谨慎，以免误闯信号灯。

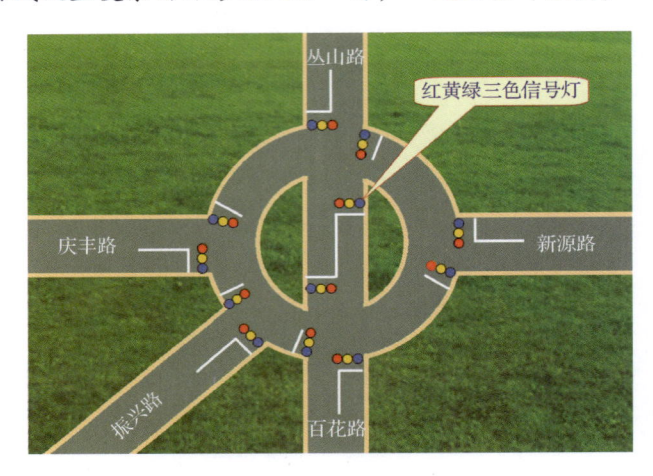

图3-15　有交通信号灯的环形交叉路口

三、单行路标志

单行路标志包括左转进入单行路标志、右转进入单行路标志、直行进入单行路标志，如图3-16所示。单行路标志设置在单向行驶路段的起点处及单行路与其他道路的交会处，表示车辆将进入箭头所示的单行路。图3-17所示为增加了文字标注的单行路标志。

a. 左转进入单行路　　b. 右转进入单行路　　c. 直行进入单行路

图3-16　单行路标志

a. 左转进入单行路　　b. 右转进入单行路　　c. 直行进入单行路

图3-17　有文字标注的单行路标志

如图 3-18 所示，前方路口直行进入单行路。如图 3-19 所示，前方路口右转弯进入单行路。①

图3-18　直行进入单行路

图3-19　右转弯进入单行路

为了避免逆向行驶的危险情况发生，进入单行路行驶的车辆不得掉头，如图 3-20 所示。

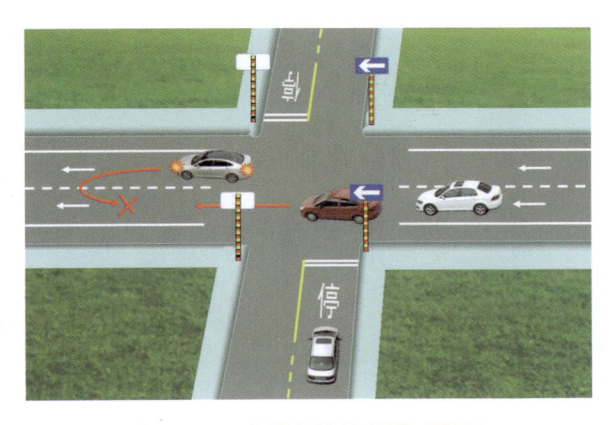

图3-20　在单行路掉头造成逆行

---

① 参见GB 5768.2—2022第6.8条。

如图 3-21 所示，为了避免车辆驾驶人不慎误入单行路逆行，在设置有单行路标志的路口，一般同时设置禁止机动车驶入标志、禁止向左转弯标志或禁止向右转弯标志。[①]

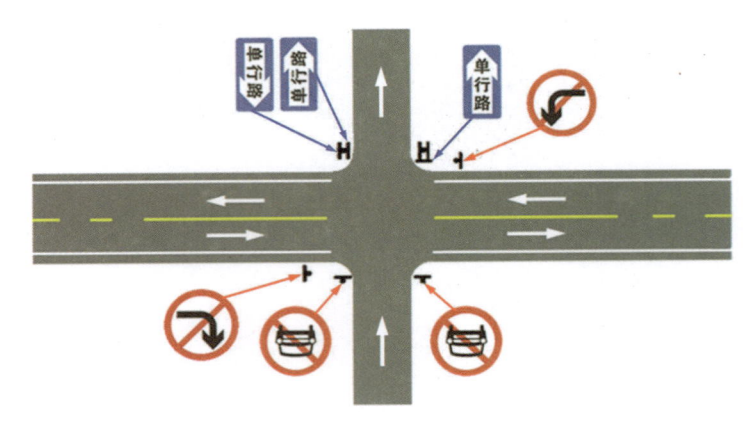

图3-21　单行路标志与禁令标志匹配

四、鸣喇叭及开车灯标志

1. 鸣喇叭标志

鸣喇叭标志表示车辆驾驶人在前方路段要鸣喇叭，如图 3-22 所示。

如图 3-23 所示，鸣喇叭标志设置在有视线盲区不便观察对向来车的路段，车辆行驶中遇到鸣喇叭标志，驾驶人应该及时鸣喇叭，同时降低车速靠向道路右侧行驶。

图3-22　鸣喇叭标志

图3-23　弯道鸣喇叭

---

① 参见 GB 5768.2—2022 第 6.8 条。

2. 开车灯标志

开车灯标志表示机动车到达前方路段应开启车灯，该标志多设置在隧道入口处，如图3-24所示。[①] 如图3-25所示，在GB 5768.2—2009的警告标志中有"隧道开车灯"标志，新版国家标准将这一标志改为指示标志中的"开车灯"标志。警告标志具有提示交通安全注意事项的作用，指示标志表达的是交通管理指令。

图3-24　开车灯标志　　　　　图3-25　隧道开车灯标志

特别提示

如何通过隧道

车辆在通过隧道时，如果驾驶人操作不当，就容易发生连环追尾、转向失控、迎面碰撞、侧面刮蹭等交通事故。因此，驾驶机动车通过隧道，要注意以下事项。

（1）如图3-26所示，隧道入口处有限速标志，要按照交通标志规定的车速行驶。属于单行路或者交替通行的隧道，入口处还设有交通信号灯，车辆要在绿灯亮时才能进入隧道。

图3-26　注意隧道入口的标志和信号灯

（2）进入隧道前要根据交通标志的提示，开启示宽灯和近光灯，必要时可以鸣喇叭。

（3）如图3-27所示，在临近隧道出口时，要适当降低车速，握稳转向盘，并提防隧道出口处的横风造成车辆跑偏。

[①] 参见GB 5768.2—2022第6.10条。

图3-27 谨慎驶出隧道

五、最低限速及会车先行标志

1. 最低限速标志

最低限速标志表示车辆进入前方道路行驶的最低时速不得低于标志所示的数值，该标志设置在高速公路或环城快速公路入口处的适当位置，如图3-28所示。

如图3-29所示，在城市快速路的弯道处对不同车道和不同车种规定了相应的车速限制。车辆在行驶过程中，车速高于限制速度标志规定的车速，或者低于最低限速标志规定的车速，均属于违反车速限制规定的交通违法行为。

图3-28 最低限速标志

图3-29 高架路弯道处的限速标志

2. 会车先行标志

会车先行标志表示面对该标志的车辆享有优先通行的权利，该标志设置在车道减少的路段、因路面狭窄会车困难的路段，如图 3-30 所示。

图3-30　会车先行标志

如图 3-31 所示，在山区道路，会车先行标志设置在会车中处在险要地势的车辆一方，在另外一方设置会车让行标志。

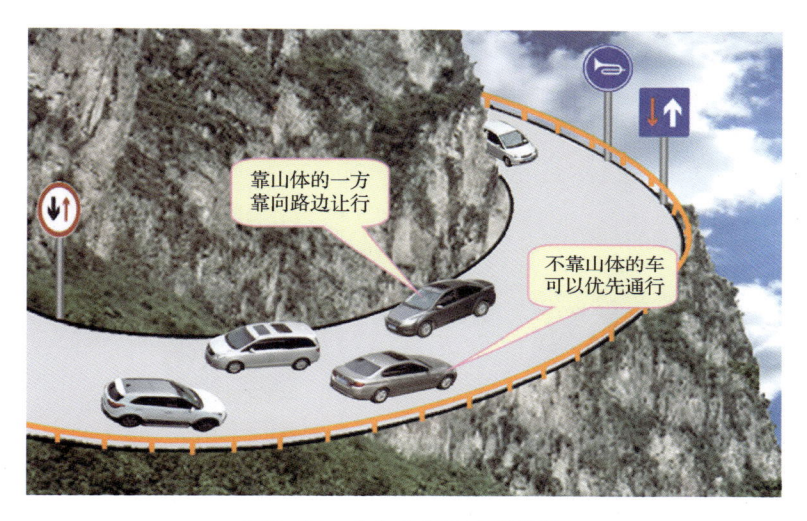

图3-31　会车先行标志的设置

六、行人及人行横道标志

1. 行人标志

行人标志表示前方道路仅供行人通行，各种机动车和非机动车不准进入，如图 3-32 所示。如图 3-33 所示，行人标志设置在步行街的入口处。

图3-32　行人标志

图3-33　步行街入口处的行人标志

2. 人行横道标志

人行横道标志表示标志下方有人行横道，车辆应该注意避让人行横道内过往的行人，如图 3-34 所示。

a. 无荧光黄绿边框　　　　b. 有荧光黄绿边框

图3-34　人行横道标志

如图 3-35 所示，人行横道标志设置在靠近人行横道两端的位置，标志牌面向来车方向。[①]

图3-35　人行横道入口处的人行横道标志

---

① 参见GB 5768.2—2022第6.13条。

七、车道行驶方向标志

1. 右转车道标志

右转车道标志表示前方道路与该标志对应的车道为右转车道，需要在前方路口右转弯的车辆，应该选择与该标志对应的车道行驶，如图 3-36 所示。

图3-36　右转车道标志

2. 左转车道标志

左转车道标志表示前方道路与该标志对应的车道为左转车道，需要在前方路口左转弯的车辆，应该选择与该标志对应的车道行驶，如图 3-37 所示。

图3-37　左转车道标志

3. 直行车道标志

直行车道标志表示前方道路与该标志对应的车道为直行车道，需要在前方路口直行的车辆，应该选择与该标志对应的车道行驶，如图 3-38 所示。

图3-38　直行车道标志

4. 直行和右转合用车道标志

直行和右转合用车道标志表示前方道路与该标志对应的车道为直行和右转车道，需要在前方路口直行或者右转的车辆，应该选择与该标志对应的车道行驶，如图 3-39 所示。

图3-39　直行和右转合用车道标志

5. 直行和左转合用车道标志

直行和左转合用车道标志表示前方道路与该标志对应的车道为直行和左转车道，需要在前方路口直行或者左转的车辆，应该选择与该标志对应的车道行驶，如图3-40所示。

图3-40　直行和左转合用车道标志

6. 掉头车道标志

掉头车道标志表示前方道路与该标志对应的车道为掉头车道，需要在前方路口掉头的车辆，应该选择与该标志对应的车道行驶，如图3-41所示。

图3-41　掉头车道标志

特别提示

多出口掉头车道

如图3-42所示，常规的机动车掉头车道只有一个出口，这会导致掉头车辆的通行效率低下。

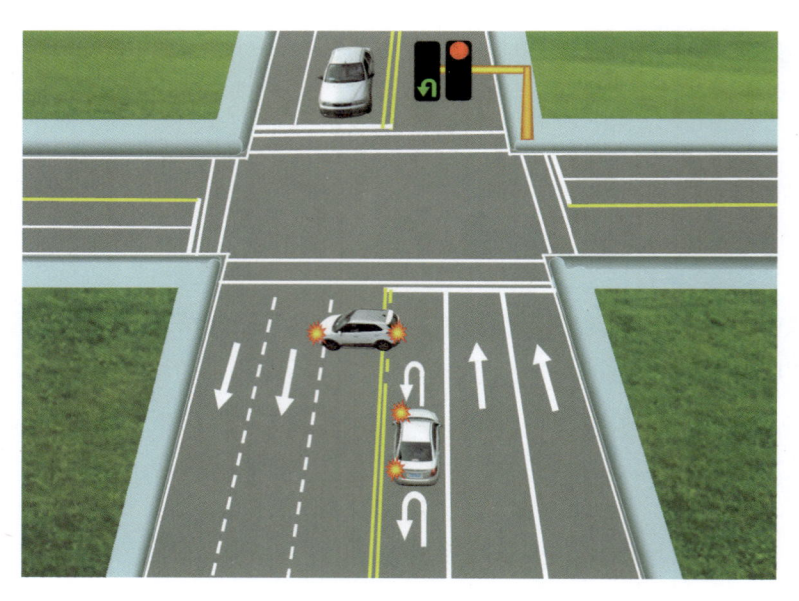

图3-42　只有一个出口的掉头车道

在掉头车辆流量较大的交叉路口，适合施划多出口掉头车道。图3-43所示为有四个出口的掉头车道。在掉头车道信号灯为绿灯时，可以有四辆车同时掉头，提高了掉头车辆的通行效率。

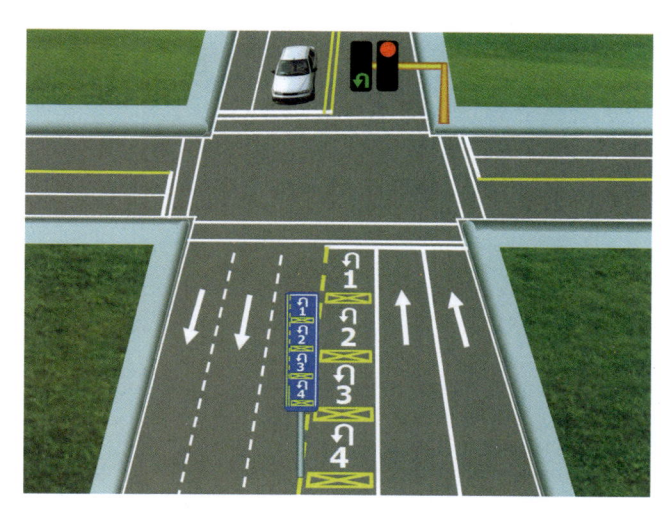

图3-43　有四个出口的掉头车道

掉头车辆在靠近施划有多出口掉头车道的交叉路口时，要按照交通标志的引导依次驶入相应号位的等候区。后驶入掉头车道的车辆要尾随前车选择等候区。当掉头车道箭头灯为绿灯时，车辆才能从左侧驶出掉头等候区实施掉头。后一轮驶入掉头等候区的车辆，要按照先后顺序到达对应号位的掉头等候区。车辆进入掉头等候区时，驾驶人要注意观察前方的掉头车道信号灯。红灯亮时，车辆应该停车等候；绿灯亮时，车辆才能掉头。

7. 掉头和左转合用车道标志

掉头和左转合用车道标志表示前方道路与该标志对应的车道为掉头和左转车道，需要在前方路口掉头或者左转的车辆，应该选择与该标志对应的车道行驶，如图3-44所示。

图3-44　掉头和左转合用车道标志

8. 分向行驶车道标志

分向行驶车道标志表示前方道路车道的分布情况，用于提示车辆驾驶人根据需要选择相应的车道行驶，如图3-45所示。

a. 式样一

b. 式样二

图3-45　分向行驶车道标志

特别提示

左转右置车道

如图3-46所示,在通常情况下,左转车道位于交叉路口的内侧,右转车道位于交叉路口的外侧。但是,也有例外情况,有些交叉路口将左转车道设置在交叉路口的外侧,将右转车道设置在交叉路口的内侧。车辆在行经这种交叉路口时,驾驶人一定要注意观察交通标志和交通标线的指示,按照交通标志和交通标线的指引通过路口。

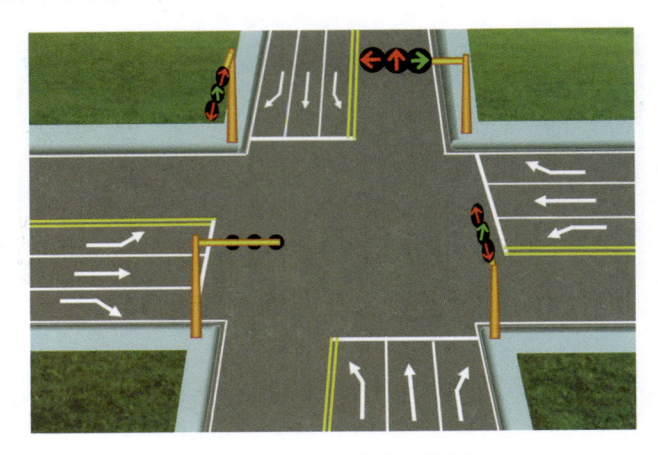

图3-46 车道的常规施划

在机动车流量大、非机动车流量比较小的T形路口,在同方向车道数量比较少的情况下,将掉头和左转车道设置在道路的右侧,有利于车辆通行。

如图3-47所示,前方为同方向只有2条机动车道的T形路口,为了减少左转弯和掉头车辆对道路通行的影响,要求机动车先驶入右侧的非机动车道,然后再左转弯或掉头。

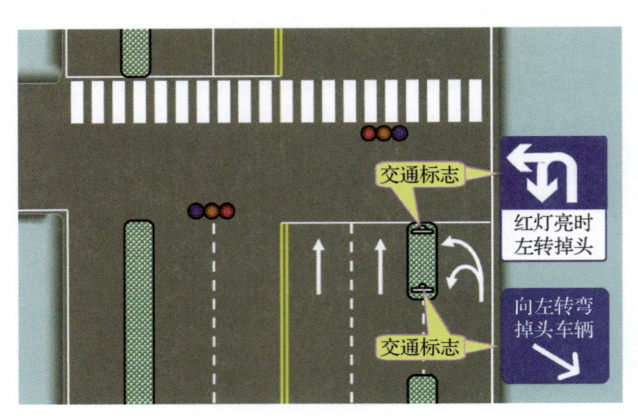

图3-47 T形路口左转弯和掉头

在这样的T形路口,车辆需要左转弯或掉头,要注意观察道路上的交通标志,按照交通标志的提示向右变更到非机动车道。在向右变更车道时,要减速慢行,避让非机动车道内的骑车人。

当车辆到达 T 形路口时，要根据交通标志的提示，在红灯亮时，车辆才能左转弯或掉头。

如图 3-48 所示，小型汽车在交叉路口要实现一次前进完成掉头，需要 4 条车道宽度的路面，大型汽车在交叉路口要实现一次前进完成掉头，需要 6 条车道宽度的路面。假如路面宽度不能满足车辆掉头的需要，车辆就要经过多次前进和倒车才能完成掉头，这将影响其他车辆的正常通行，降低道路的通行效率。如图 3-49 所示，采用左转右置车道的布置方式，可以让车辆在路口内一次前进就能轻松完成掉头。

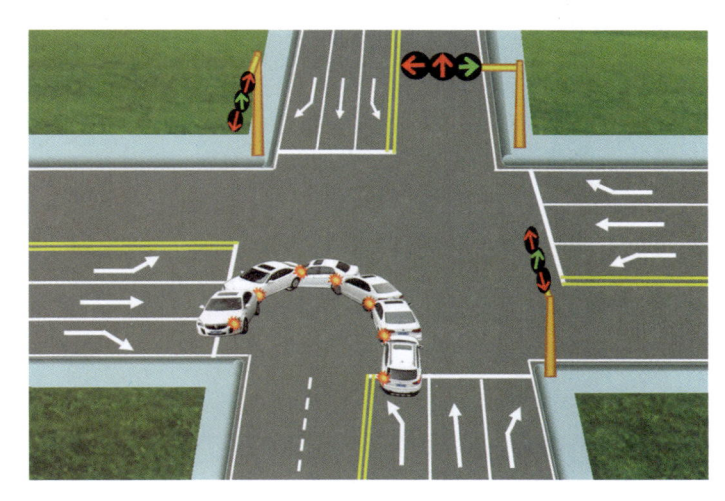

图3-48　不便掉头

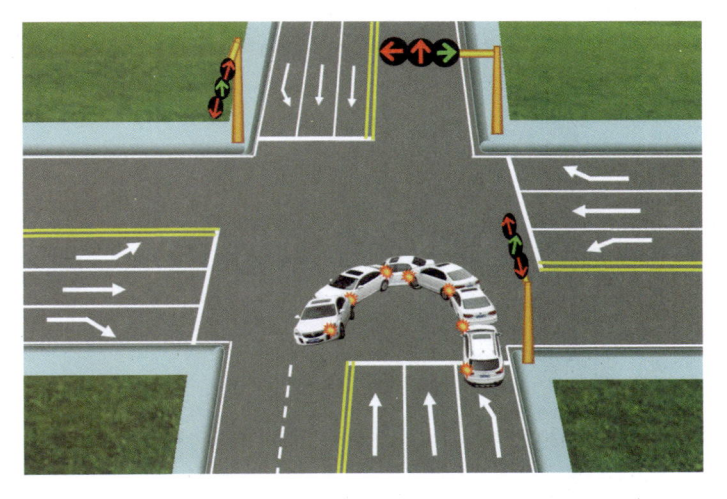

图3-49　便于掉头

如图 3-50 所示，在辅路与主路交会处的前方有交叉路口，如果按照传统的车道分布方法设置，将左转车道设置于道路内侧，辅路车辆驶入主路之后实施左转弯，要横跨多条车道才能到达主路的左转车道，在此过程中要与主路车流产生多次运动干涉。

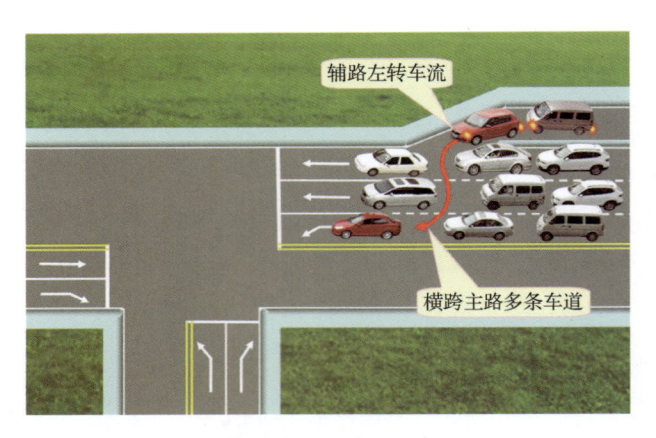

图3-50 辅路车与主路车产生运动干涉

为了减少辅路车对主路车的运动干涉，可以一反常规，将主路交叉路口处的左转车道设置在道路的右侧，如图3-51所示。

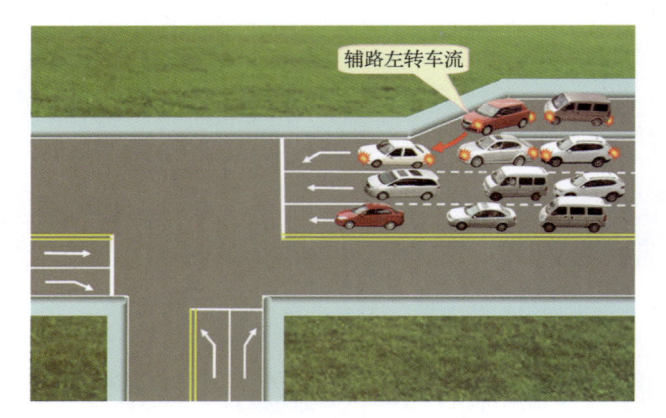

图3-51 左转右置车道可以减少运动冲突

如图3-52所示，辅路车道按照常规设置，主路车道采取左转右置的分布方式。

图3-52 主路车道左转右置分布

如图3-53所示，由于道路上存在左转右置车道的情况，当车辆到达交叉路口时，驾驶人一定要注意观察交通标志的提示，提前做好选择车道的准备。

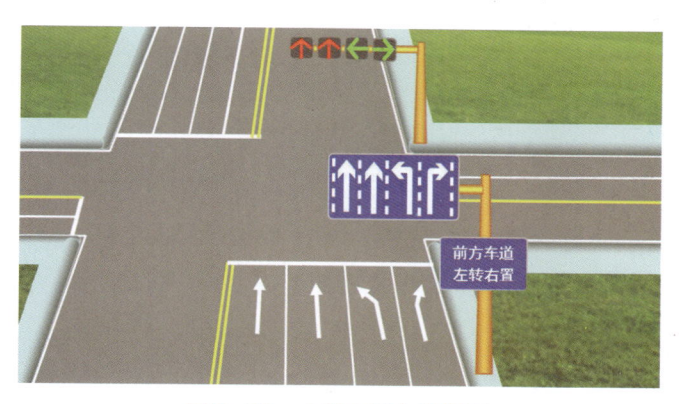

图3-53　左转右置车道提示

图 3-54 所示为高架路下方的车道分布情况。图 3-55 所示为立交桥出口匝道处车道分布情况。①

图3-54　高架路下方的车道分布情况

图3-55　立交桥出口匝道处车道分布情况

特别提示

右转左置车道

如图3-56所示，半挂车、大客车、大货车、渣土车、工程机械车，这些车的车身高、车体长、驾驶人视线盲区大，行驶在右转右置车道的交叉路口右转弯时，大型车辆与非机动车近距离混合通行，受视线盲区的影响，不便于大型车辆驾驶人观察右侧的非机动车，从而给交通安全带来隐患；右转右置车道距离右侧出口车道近，车辆右转弯时的回旋余地小，导致大型车辆右转弯困难。

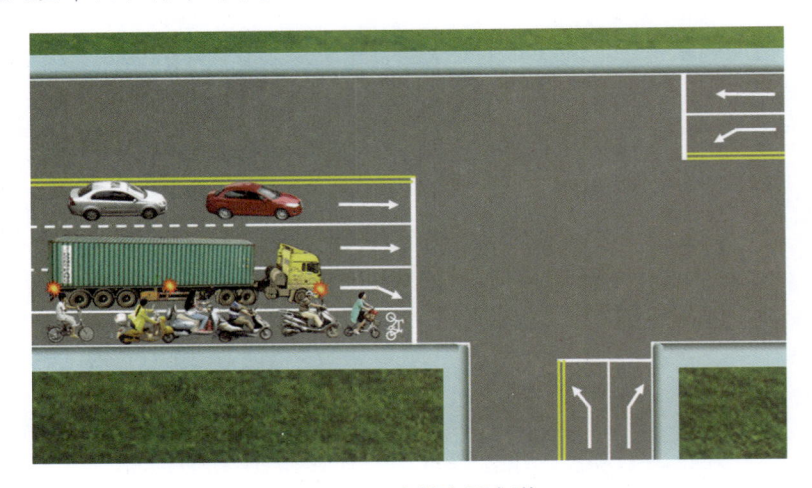

图3-56　右转右置车道

如图3-57所示，在大型车辆交通流量比较大的交叉路口，可以对车道进行反常规设置，将右转车道设置于道路的内侧，拉开了大型车辆与非机动车的距离，这样有利于减少大型车辆驾驶人右转弯时视线盲区带来的安全隐患，有利于大型车辆驾驶人观察非机动车的交通动态，也有利于降低大型车辆右转弯的难度。

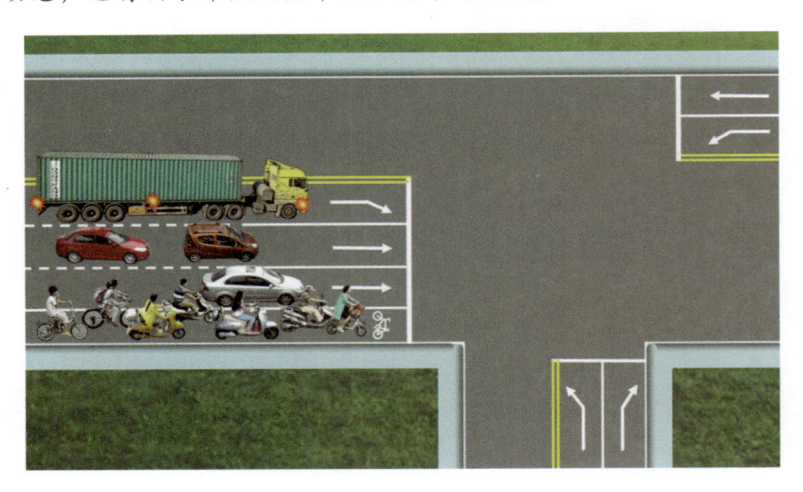

图3-57　右转左置车道

由于右转左置车道的存在，驾驶人不能一味地凭经验开车，错误地认为最左侧的车道就一定是左转车道，要通过对交通标志和交通标线的观察，来确定车道在路口的实际分布情况。

八、专用车道标志

1. 机动车行驶标志

机动车行驶标志表示前方道路只供机动车行驶，如图 3-58 所示。

图3-58　机动车行驶标志

2. 机动车车道标志

机动车车道标志表示前方车道只供机动车行驶，如图 3-59 所示。

a. 标志正下方为机动车车道　　　　b. 标志左下方为机动车车道

图3-59　机动车车道标志

3. 小型客车车道标志

小型客车车道标志表示前方车道只供小型客车行驶，如图 3-60 所示。

图3-60　小型客车车道标志

4. 公交专用车道标志

公交专用车道标志表示前方车道专供公交车辆、通勤班车行驶，不准其他车辆及行人进入，如图 3-61 所示。

a. 公交专用车道　　　　　　b. 公交车辆和通勤班车专用车道

图3-61　公交专用车道标志

如图3-62所示，公交专用车道标志标明了时段，只有在7:00—9:00和17:00—19:30的交通高峰期，标志牌下方的车道为公交专用车道。

图3-62　分时公交专用车道标志

5. 快速公交系统专用车道标志

快速公交系统（BRT）专用车道标志表示前方道路只供快速公交车辆行驶，如图3-63所示。

a. 标志正下方为快速公交车道　　　　b. 标志左下方为快速公交车道

图3-63　快速公交系统（BRT）专用车道标志

6. 有轨电车专用车道标志

有轨电车专用车道标志表示前方道路只供有轨电车行驶，如图3-64所示。

图3-64　有轨电车专用车道标志

7. 多乘员车辆专用车道标志

多乘员车辆（HOV）专用车道标志表示前方车道只供多乘员车辆行驶，标志右上角的数字为人数，如图3-65所示。

图3-65　多乘员车辆专用车道标志

8. 非机动车行驶标志

非机动车行驶标志表示前方道路只供非机动车行驶，如图3-66所示。如图3-67所示，左侧供非机动车行驶，右侧供行人行走。

图3-66　非机动车行驶标志

图3-67　非机动车与行人分道通行

9. 非机动车车道标志

非机动车车道标志表示前方车道只供非机动车行驶，如图3-68所示。

a. 标志正下方为非机动车车道　　　　b. 标志左下方为非机动车车道

图3-68　非机动车车道标志

10. 电动自行车行驶标志

电动自行车行驶标志表示前方道路只供电动自行车行驶，如图 3-69 所示。

图3-69　电动自行车行驶标志

11. 电动自行车车道标志

电动自行车车道标志表示前方车道只供电动自行车行驶，如图 3-70 所示。

a. 标志正下方为电动自行车车道　　　b. 标志左下方为电动自行车车道

图3-70　电动自行车车道标志

12. 非机动车与行人通行标志

非机动车与行人通行标志表示前方道路只供非机动车与行人通行，机动车不得进入，如图 3-71 所示。

a. 非机动车与行人分开空间通行　　　b. 非机动车与行人分开空间通行

c. 非机动车与行人共享空间通行

图3-71　非机动车与行人通行标志

13. 非机动车推行标志

非机动车推行标志表示前方道路只供非机动车推行，不准骑行，如图 3-72 所示。

图3-72　非机动车推行标志

14. 靠右侧车道行驶标志

靠右侧车道行驶标志表示车辆除超车外应靠右侧车道行驶，如图 3-73 所示。为了体现低速置右的通行原则，该标志应标明车种限制，如图 3-74 所示。

图3-73　靠右侧车道行驶标志　　　　图3-74　货车靠右侧车道行驶标志

九、停车位置标志

1. 停车位标志

停车位标志用于标明允许机动车停放的位置，如图 3-75 所示。图 3-75a 表示机动车越过停车位标志之后，在停车位标线划定的区域可以停车；图 3-75b 表示停车位标志左侧在停车位标线划定的区域可以停车；图 3-75c 表示停车位标志右侧在停车位标线划定的区域可以停车；图 3-75d 表示机动车在越过停车位标志停车时，应该按照标志所示将车辆停放在非机动车道与人行道的结合处。

a. 越过标志停车　　　　b. 标志左侧停车

c. 标志右侧停车　　　　d. 占用人行道边缘停车

图3-75　停车位标志

如图 3-76 所示，沿路设置的机动车停车位不仅施划有地面停车位标线，而且设置有停车位信息标牌，用于标明设置部门、停车位数量、允许停车时间等。

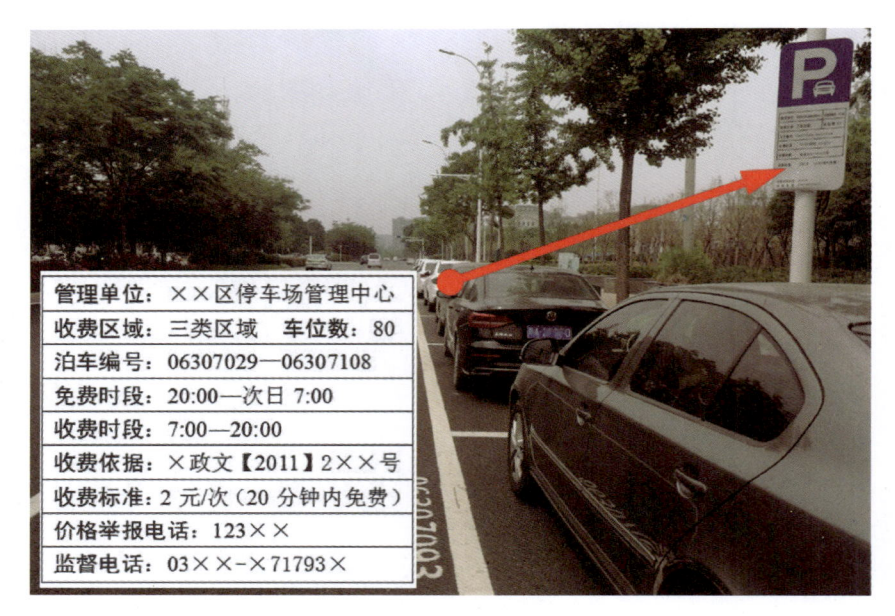

图3-76　机动车停车位信息标牌

2. 限时段停车位标志

限时段停车位标志表示该地点允许机动车在标志规定的时间段内停放，其他时间不准在该地点停车，如图3-77所示。

图3-77　限时段停车位标志

3. 限时长停车位标志

限时长停车位标志表示机动车在该地点停放不得超过规定的时间，如图3-78所示。

图3-78　限时长停车位标志

4. 残疾人专用停车位标志

残疾人专用停车位标志表示该地点仅供残疾人驾驶的车辆停放，其他车辆不得占用，如图 3-79 所示。

a. 式样一　　b. 式样二

图3-79　残疾人专用停车位标志

5. 校车专用停车位及校车停靠站点标志

校车专用停车位标志、校车停靠站点标志表示该地点仅供校车停放，或者仅供校车停靠站使用，其他车辆不得占用，如图 3-80 所示。

a. 式样一　　b. 式样二　　c. 式样三

图3-80　校车专用停车位标志

特别提示

如何避让停靠站的校车

校车在沿途站点上下学生时，会开启危险报警闪光灯，打开停车指示标志，停在道路的右侧。此时，后方驶来的车辆可以超越路边上下学生的校车吗？

2022 年 4 月 1 日开始实施的《道路交通安全违法行为记分管理办法》（公安部第 163 号令）规定，驾驶机动车不按照规定避让校车的，一次记 3 分。

什么是"按照规定避让校车"？国务院在 2012 年 4 月发布的《校车安全管理条例》第三十三条对此有明确规定。

如图 3-81 所示，校车在同方向只有一条机动车道的道路上停靠时，后方车辆应该停车等待，不得超越。

如图 3-82 所示，校车在同方向有两条以上机动车道的道路上停靠时，校车停靠车道后方和相邻机动车道上的机动车应该停车等待，其他机动车道上的机动车应该减速通过。

图3-81 同方向只有一条机动车道

a. 同方向有两条机动车道

b. 同方向有两条以上机动车道

图3-82 避让校车

6. 出租车专用停车位标志

出租车专用停车位标志表示该地点仅供出租车停放,其他车辆不得占用,如图 3-83 所示。

a. 式样一　　　　　　b. 式样二

图3-83　出租车专用停车位标志

7. 非机动车专用停车位标志

如图 3-84 所示,非机动车专用停车位标志表示该地点仅供非机动车停放,其他车辆不得占用。

a. 式样一　　　　　　b. 式样二

图3-84　非机动车专用停车位标志

8. 公交车专用停车位及公交车停靠站点标志

公交车专用停车位标志、公交车停靠站点标志表示该地点仅供公交车停放,其他车辆不得占用,如图 3-85 所示。

a. 式样一　　　　　　b. 式样二

图3-85　公交车专用停车位标志

9. 充电停车位标志

充电停车位标志表示该停车位仅供电动汽车充电时使用,如图 3-86 所示。

a. 式样一　　　　　　b. 式样二

图3-86　充电停车位标志

如图3-87所示，停车场的一侧安装有多个充电桩，与充电桩对应的停车位仅供电动汽车充电时使用，非充电车辆不得在此处停车。

图3-87　电动汽车充电专用停车位

10. 专属停车位标志

专属停车位标志表示该地点是专门为特定的单位或者个人施划的停车位，仅供特定的单位或者个人停放机动车，其他单位或者个人的机动车不得占用，如图3-88所示。

a. 式样一　　　　b. 式样二

图3-88　专属停车位标志

十、专项通行路线标志

1. 允许掉头标志

允许掉头标志表示前方地点允许机动车掉头，该标志设置在允许机动车掉头的适当位置，如图3-89所示。

车辆驾驶人应该注意，有些地点在规定的时间内才允许机动车掉头，图3-90所示的标志表示该地点只允许车辆在7:00—9:00和15:00—17:00两个时间段掉头，其他时间段不允许车辆掉头。

图3-89　允许掉头标志

图3-90　限时段允许掉头标志

2. 硬路肩允许行驶标志

硬路肩允许行驶标志表示前方硬路肩允许车辆行驶，以便缓解交通高峰期出现的道路拥挤现象，如图3-91所示。图3-91a表示车辆可进入前方硬路肩行驶，设置在硬路肩允许行驶路段的始点；图3-91b表示硬路肩允许行驶路段即将结束，车辆应尽快驶出硬路肩向左合流；图3-91c表示硬路肩允许行驶路段结束，车辆不可继续在硬路肩行驶。

a. 式样一　　　　b. 式样二　　　　c. 式样三

图3-91　硬路肩允许行驶标志

3. 货车通行标志

货车通行标志表示前方道路供货车通行，其他车辆也可以在该道路行驶，如图3-92所示。

图3-92　货车通行标志

第四章 警告标志

一、警告路口的交通标志

警告路口的交通标志通常设置在没有信号灯的交叉路口。

遇到警告路口的交通标志，驾驶人要注意有可能发生的横向运动干涉。

1. 十字交叉路口标志

十字交叉路口标志表示道路前方是没有信号灯的十字交叉路口，如图4-1所示。这样的路口空间小，人车相互遮挡，随处有视线盲区；与路口相交的道路狭窄拥挤，非机动车道与机动车道往往没有明确区分，由于没有隔离设施，人车混行的现象比较普遍，如图4-2所示。在这样的道路行驶，驾驶人要小心谨慎。[1]

图4-1 十字交叉路口标志

图4-2 人车混行的道路

---

[1] 参见GB 5768.2—2022第7.2条。

2. 错位交叉路口标志

错位交叉路口标志表示道路前方有横向错开的没有信号灯的交叉路口，如图 4-3 所示。图 4-4 所示为市区的错位交叉路口。

图4-3　错位交叉路口标志

图4-4　市区的错位交叉路口

车辆通过错位交叉路口时，驾驶人要把注意力分配到路口两处的交叉部位，提防横向突然出现车辆及行人。

3. Y形交叉路口标志

Y形交叉路口标志表示前方是没有信号灯的两条道路的交会处，如图 4-5 所示。

a. 式样一　　　b. 式样二　　　c. 式样三

d. 式样四　　　e. 式样五

图4-5　Y形交叉路口标志

> **特别提示**

什么是依次交替通行

如图4-6所示，车辆行至车道减少的Y形交叉路口时，如果遇到前方有机动车停车排队或者缓慢行驶的情况，应该依次交替驶入车道减少的路口。

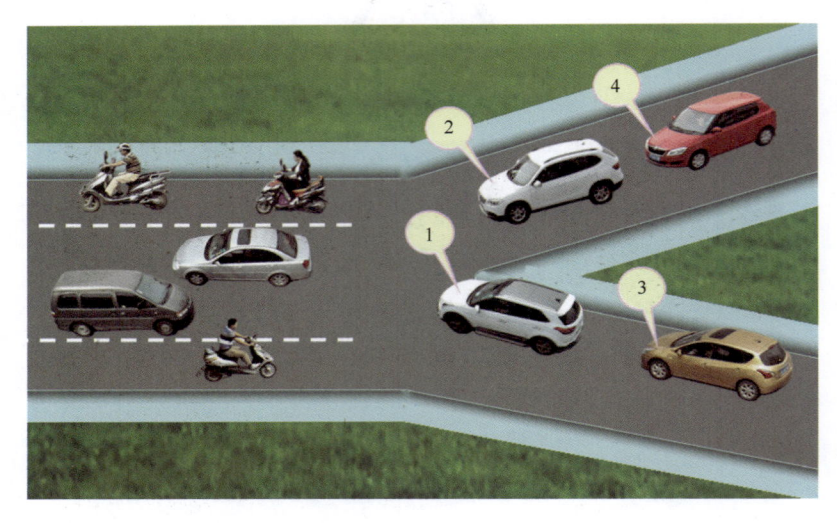

图4-6　车道减少的路口依次交替通行

4. T形交叉路口标志

T形交叉路口标志表示道路前方是没有信号灯的T形交叉路口，如图4-7所示。

a. 正T形　　　b. 左T形　　　c. 右T形

图4-7　T形交叉路口标志

车辆靠近T形交叉路口时，应该减速慢行，提防路口过往的车辆和行人。

> **特别提示**

如何利用T形交叉路口掉头

如图4-8所示，如果在狭窄的T形交叉路口掉头，就要将车头朝向较宽的路面，车尾朝向较窄的路面，由于倒车转弯时车头的横扫宽度较大，将车头朝向较宽的路面转弯倒车，可以防止倒车时车头越出路边。

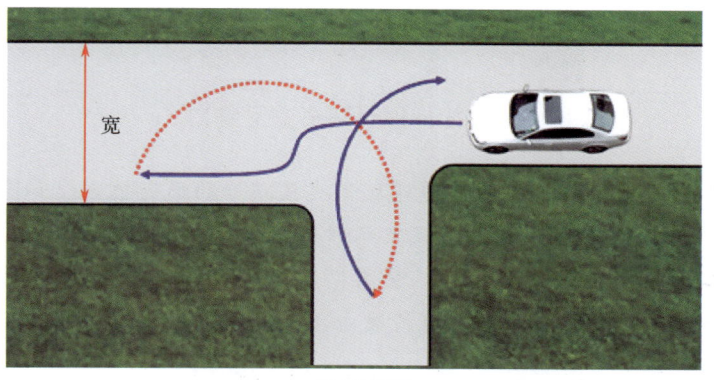

a. 前方路面宽

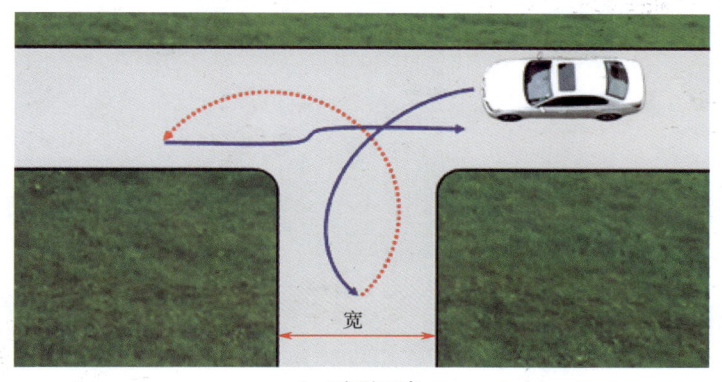

b. 左侧路面宽

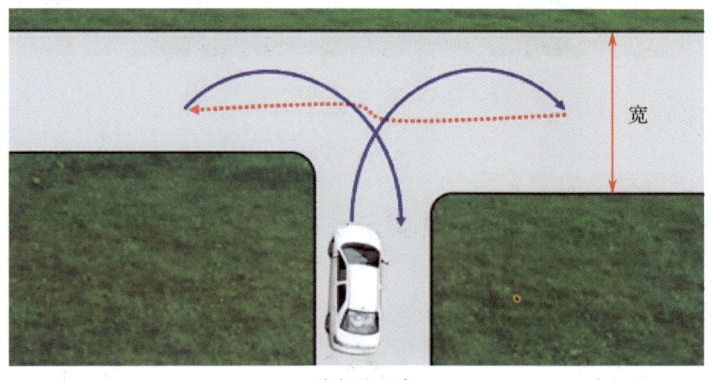

c. 右侧路面宽

图4-8　让车头进入较宽的路面掉头

5. 环形交叉路口标志

环形交叉路口标志表示前方是有环岛没有信号灯的多条道路的交会处，如图4-9所示。

图4-9　环形交叉路口标志

特别提示

如何通过环形交叉路口

车辆行经环形交叉路口，要注意遵守环形交叉路口的通行规则。如图4-10所示，准备进入环形交叉路口的车辆，要让已经在环形交叉路口内行驶的车辆优先通行。车辆进入环形交叉路口时，不应该开转向灯；驶离环形交叉路口时，应该开启右转向灯。环形交叉路口内的车辆只能围绕环岛逆时针行驶，不可为了抄近道而顺时针行驶。

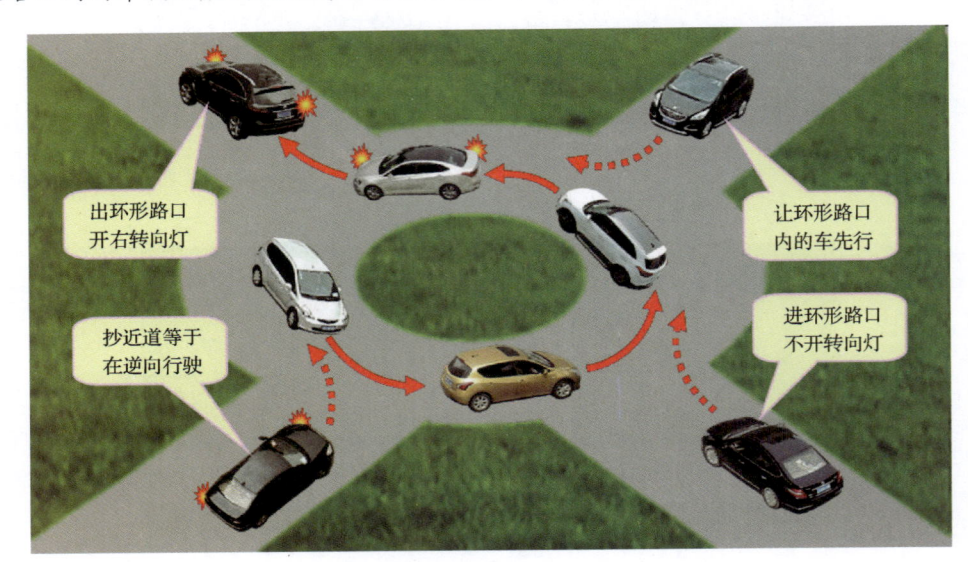

图4-10 环形交叉路口通行规则

6. 不同宽度道路相交的交叉路口标志

不同宽度道路相交的交叉路口标志提示车辆驾驶人要根据前方路口道路宽度的变化采取安全对策，如图4-11所示。

a. 式样一　　b. 式样二　　c. 式样三

d. 式样四　　e. 式样五

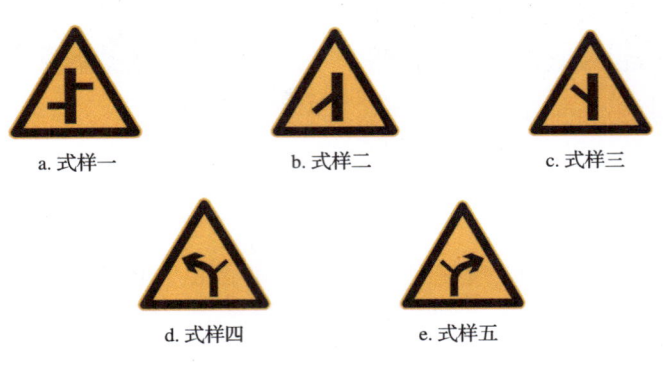

图4-11 不同宽度道路相交的交叉路口标志

二、警告道路线形变化的标志

1. 急弯路标志

急弯路标志包括向左急弯路标志、向右急弯路标志，表示前方出现急转弯路段，如图4-12所示。

a. 向左急弯路　　　　b. 向右急弯路

图4-12　急弯路标志

如图4-13所示，在有视线盲区的急转弯路段需要设置急弯路标志。

图4-13　有视线盲区弯道的急弯路标志

2. 反向弯路标志

反向弯路标志包括向右反向弯路标志、向左反向弯路标志，表示前方道路出现连续两次反向急转弯，如图4-14所示。

a. 向右反向弯路　　　　b. 向左反向弯路

图4-14　反向弯路标志

3. 连续弯路标志

连续弯路标志表示前方道路出现多次反向急转弯，如图4-15所示。

a. 式样一　　　　b. 式样二

图4-15　连续弯路标志

特别提示

如何通过曲折道路

险峻的盘山公路往往弯道重重，车辆行进艰难。曲折道路大多数存在视线盲区，难以观察迎面是否有来车。

如图4-16所示，受地势地貌的遮挡，如果无法观察对面来车，就要勤按喇叭。

减速
鸣喇叭
靠右

图4-16　弯道鸣喇叭

如图4-17所示，弯道会车时，要靠向道路右侧，不可越过道路中心线。
如图4-18所示，严禁在弯道超车，以免与对向来车发生迎面碰撞事故。

图4-17 弯道靠右行驶

图4-18 严禁弯道超车

4. 陡坡标志

陡坡标志包括上陡坡标志、下陡坡标志、连续下坡标志,表示前方道路将要出现陡坡,如图4-19所示。

a. 上陡坡　　b. 下陡坡　　c. 连续下坡

图4-19 陡坡标志

5. 道路宽度变化标志

如图4-20所示,道路宽度变化标志包括两侧变窄标志、右侧变窄标志、左侧变窄标志、窄桥标志，表示前方道路的宽度将要变得狭窄。

a. 两侧变窄　　b. 右侧变窄　　c. 左侧变窄　　d. 窄桥

图4-20　道路宽度变化标志

如图 4-21 所示，由于前方有地铁工程在施工，道路的右半边并入左半边，道路变窄，驾驶人要提前做好思想准备。

图4-21　右半边并入左半边

三、警告道路动态变化的标志

1. 双向交通标志

双向交通标志表示前方道路将由单向交通变为双向交通，提示车辆驾驶人要注意会车，如图 4-22 所示。

图4-22　双向交通标志

如图 4-23 所示，双向交通是指在道路的同一部位有向前行驶的车流，还有迎面驶来的车流。如果在道路的同一部位只有一个方向的车流，就称为单向交通。单向交通的道路车辆在车行道内按照规定的方向行驶，不存在会车的现象，交通情况简单，有利于交通安全，车辆行驶的平均速度较快。当车辆由单向交通路段驶入双向交通路段时，迎面随时会出现来车，交通情况突然变得复杂多变，驾驶人要降低车速，及时做好会车的准备。

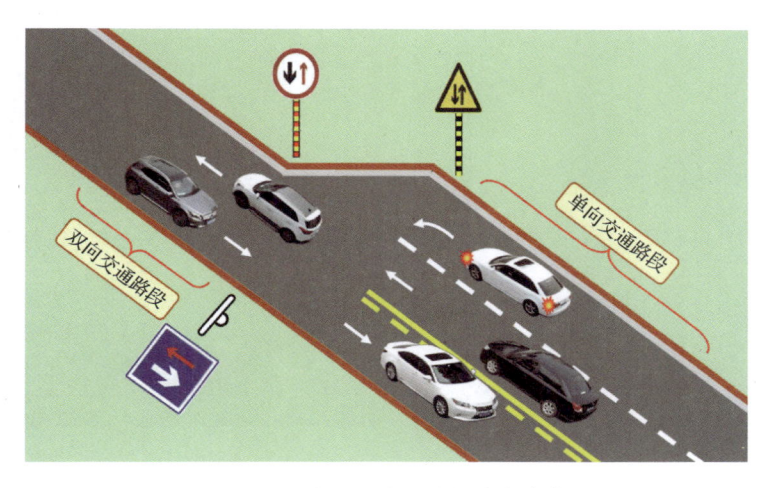

图4-23 在双向交通路段注意会车

2. 注意行人标志

注意行人标志用于提示车辆驾驶人减速慢行，注意避让行人，标志底色为黄色或者荧光绿色，设置在施划有人行横道线且过往行人较为频繁的路段，如图4-24所示。

a. 底色为黄色　　b. 底色为荧光绿色

图4-24 注意行人标志

图4-25所示为靠近人行横道线的注意行人标志。图4-26所示为靠近学校门前的注意行人标志。

图4-25 靠近人行横道线的注意行人标志

图4-26 靠近学校门前的注意行人标志

3. 注意儿童标志

注意儿童标志用于提示车辆驾驶人减速慢行，注意避让儿童，设置在幼儿园、小学、少年宫等儿童频繁出入的路段，如图4-27所示。图4-28所示为设置在靠近小学门前的注意儿童标志。

a. 底色为黄色　　　　b. 底色为荧光绿色

图4-27 注意儿童标志

图4-28 小学门前的注意儿童标志

4. 注意残疾人标志

注意残疾人标志设置在靠近残疾人经常出入（康复医院、残疾人学校等）的地点，用于提示车辆驾驶人减速慢行，礼让过往的残疾人，如图 4-29 所示。

a. 式样一　　　　b. 式样二

图 4-29　注意残疾人标志

5. 注意非机动车标志

注意非机动车标志设置在前方道路经常有非机动车横穿、出入的路段，用于提示车辆驾驶人要随时注意避让非机动车，如图 4-30 所示。

图 4-30　注意非机动车标志

6. 注意电动自行车标志

注意电动自行车标志设置在前方道路经常有电动自行车横穿、出入的路段，用于提示车辆驾驶人要随时注意过往的电动自行车，如图 4-31 所示。

图 4-31　注意电动自行车标志

7. 注意牲畜标志

注意牲畜标志设置在缺少有效隔离设施的公路上，用于提示车辆驾驶人注意避让公路上有可能出现的牲畜，如图 4-32 所示。

图 4-32　注意牲畜标志

8. 注意野生动物标志

注意野生动物标志设置在穿过野生动物保护区的道路上，用于提示车辆驾驶人提防道路上随时有可能出现野生动物，如图 4-33 所示。

图4-33　注意野生动物标志

9. 注意信号灯标志

交通信号灯通常设置在交叉路口醒目的位置，在路段中一般不设置交通信号灯，但也有例外情况。例如，有些狭窄的隧道或桥梁，路面只有一辆车通行的宽度，假如隧道两端的车辆同时进入隧道，相向行驶的车流就会阻塞在隧道内。为了避免出现这种情况，可以在隧道两端设置信号灯，当隧道一端的信号灯为绿灯时，另外一端的信号灯为红灯时，两端的信号灯交替变换颜色，隧道内就不会出现相向行驶的车辆了。因为隧道两端并非交叉路口，车辆驾驶人有可能没有注意到隧道入口处设置的信号灯，所以需要在靠近隧道入口处设置注意信号灯标志，如图 4-34 所示。

图4-34　注意信号灯标志

四、警告地貌变化的标志

1. 注意落石标志

注意落石标志用于提示车辆驾驶人道路上方有可能出现落石，如图 4-35 所示。

a. 右侧落石　　　　　　　　b. 左侧落石

图4-35　注意落石标志

2. 注意横风标志

注意横风标志用于提示前方道路经常有强烈的横风，如图 4-36 所示。

图4-36　注意横风标志

3. 易滑标志

易滑标志表示前方道路因附着系数较低，车辆容易失控而发生交通事故，车辆遇到此标志应该减速慢行，如图4-37所示。

图4-37　易滑标志

4. 傍山险路标志

傍山险路标志用于提示前方道路地势险要，道路的一侧是悬崖，另一侧是峭壁，如图4-38所示。

a. 右侧险要　　　　　　　　b. 左侧险要

图4-38　傍山险路标志

如图4-39所示，在傍山险路会车，靠山体的一方要让不靠山体的一方优先通行。

靠山体的一方靠向路边让行

不靠山体的车可以优先通行

图4-39　傍山险路会车

5. 堤坝路标志

堤坝路标志设置在沿水库、湖泊、河流等堤坝修建的路段，用于提示车辆驾驶人不可偏离行车路线，如图 4-40 所示。

a. 右侧险要   b. 左侧险要

图4-40　堤坝路标志

如图 4-41 所示，在穿越市区的一条人工河沿岸修建了堤坝路，虽然堤坝路与河流之间设置有护栏，但行驶在堤坝路的车辆仍然要注意交通安全，尤其在夜间超车、会车时，要与河岸保持一定的安全间距。

图4-41　市区的堤坝路

6. 村庄标志

村庄标志设置在道路沿途有村庄的路段，用于提示车辆驾驶人注意观察道路上的交通动态，如图 4-42 所示。

图4-42　村庄标志

如图 4-43 所示，前方恰逢弯道处，道路穿过一个村庄，时常有行人和非机动车横穿道路。车辆行经该路段时，驾驶人要注意观察路面上的交通动态，控制车速，必要时可鸣喇叭示意有车驶来。[①]

---

① 参见GB 5768.2—2022第7.24条。

图4-43　弯道穿过村庄

7. 隧道标志

隧道标志设置在受地形或其他因素影响不易发现的隧道入口处，用于提示车辆驾驶人在进入隧道之前要降低车速，如图4-44所示。

图4-44　隧道标志

8. 驼峰桥标志

驼峰桥标志表示前方道路将出现影响视线的驼峰桥，车辆应该减速靠右行驶，必要时可鸣喇叭，以便安全会车，如图4-45所示。

图4-45　驼峰桥标志

9. 路面不平标志

路面不平标志表示车辆在前方道路行驶要注意提前减速，防止车辆颠簸失控，如图4-46所示。

图4-46　路面不平标志

10. 减速丘标志

减速丘标志表示前方路面铺装有减速丘，车辆要提前减速，如图4-47所示。

图4-47 减速丘标志

为了强制过往车辆减速，在路面上铺装了减速丘。对于缺少驾驶经验的驾驶人来讲，或许不在乎眼前的减速丘，或许出于种种原因没有观察到减速丘，在车辆未经减速的情况下就径直冲向减速丘，车辆瞬间的颠簸有可能导致方向失控。为了避免发生这种危险情况，在减速丘的来车方向应该安装减速丘标志，如图4-48所示。①

图4-48 道路上的减速丘标志

11. 过水路面（或漫水桥）标志

过水路面（或漫水桥）标志表示前方道路将出现过水路面或者漫水桥，车辆必须低速行驶，以免发生发动机熄火或者车轮打滑的意外情况，如图4-49所示。

图4-49 过水路面（或漫水桥）标志

---

① 参见GB 5768.2—2022第7.28条。

五、警告安全事项的标志

1. 有人看守铁路道口标志

在有人看守的铁路道口，在相距铁路道口一定距离的地点设有有人看守铁路道口标志，如图4-50所示。如果是多股铁路与道路交叉，在有人看守铁路道口标志上方设置叉形符号，如图4-51所示。

图4-50　有人看守铁路道口标志　　　图4-51　有人看守铁路道口标志和叉形符号联合使用

特别提示

如何通过有人看守的铁路道口

如图4-52所示，有人看守的铁路道口设有铁路道口信号灯和安全栏杆，在红灯交替闪烁或者红灯亮时，栏杆放下。此时，车辆应该在铁路道口以外的停止线之后停车等候。

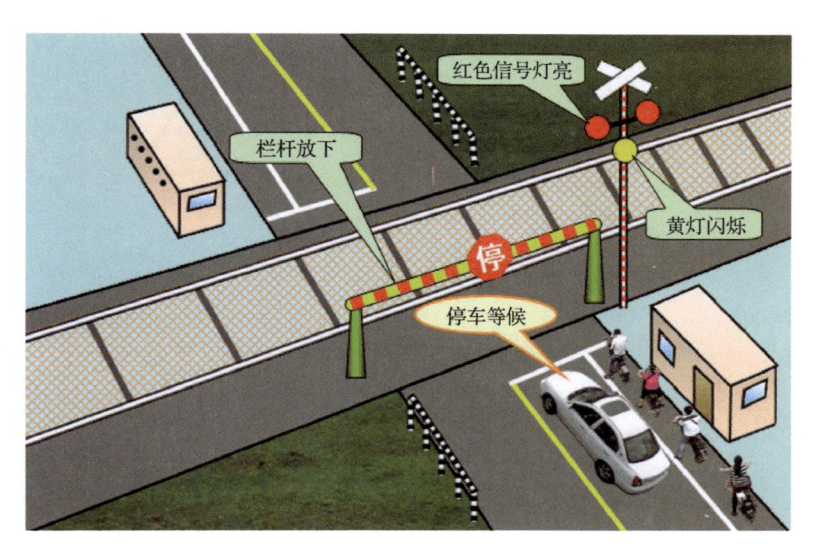

图4-52　红灯亮时停车等候

如图4-53所示，只有当红灯熄灭，栏杆升起时，车辆才能通过铁路道口。

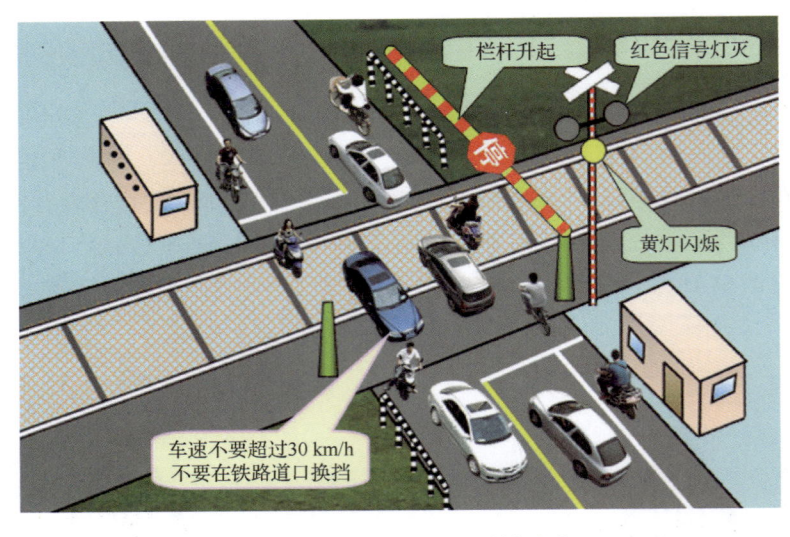

图4-53 红灯熄灭才能通过铁路道口

驾驶车辆靠近有信号灯控制的铁路道口时，即便红灯熄灭、栏杆升起，也要事先将车速降低到30 km/h以下，以免通过铁路道口时车辆颠簸失控。

不可用高速挡低速通过铁路道口，以免车辆在行经铁路道口时发动机熄火。

2. 无人看守铁路道口标志

无人看守铁路道口标志如图4-54所示。无人看守铁路道口标志下方的红色斜杠表示标志与铁路道口之间的距离，一道斜杠代表50 m，两道斜杠代表100 m，三道斜杠代表150 m，如图4-55所示。

图4-54 无人看守铁路道口标志

a. 相距50 m　　b. 相距100 m　　c. 相距150 m

图4-55 斜杠符号

3. 事故易发路段标志

事故易发路段标志设置在靠近事故易发路段的适当位置，提示车辆驾驶人要警惕发生交通事故，如图4-56所示。

图4-56 事故易发路段标志

如图 4-57 所示，前方为绕湖急转弯路段，视距受限，时常有非机动车和行人过往。该路段还设有公交站点，驾驶人驾驶车辆要谨慎通过该路段。

图4-57　谨慎通过事故易发路段

4. 注意障碍物标志

注意障碍物标志设置在前方道路存在障碍物的路段，用于提示车辆驾驶人减速慢行，注意绕过路面上的障碍物，如图 4-58 所示。

a. 左右绕行　　　b. 左侧绕行　　　c. 右侧绕行

图4-58　注意障碍物标志

如图 4-59 所示，前方道路因施工右侧围堵，车辆需从施工工地左侧绕行。

图4-59　施工绕行

5. 注意危险标志

注意危险标志表示前方道路存在多种危险路况，用于提示车辆驾驶人谨慎驾驶，严防交通事故，如图4-60所示。

图4-60　注意危险标志

6. 施工标志

施工标志设置在靠近道路施工路段的适当位置，用于提示车辆驾驶人减速慢行或者绕道行驶，如图4-61所示。

图4-61　施工标志

如图4-62所示，前方100 m处因有道路修建工程，车辆驾驶人需注意行驶路线有变。

图4-62　前方道路施工

图4-63所示为在不同情况下的施工标志设置。

a. 路面翻修

b. 道路施工

c. 热力抢修

图4-63 在不同情况下的施工标志设置

d. 施工限速

e. 地铁施工

f. 封闭施工

图4-63 在不同情况下的施工标志设置（续）

7. 交通事故管理标志

交通事故管理标志表示前方路段处于交通事故管理状态，车辆应减速慢行、停下等候或绕道行驶，如图4-64所示。

图4-64　交通事故管理标志

8. 建议速度标志

建议速度标志用于向车辆驾驶人提供安全车速建议，如图4-65所示。建议速度标志设置在靠近弯道、出口、匝道的适当位置，一般不单独使用，与其他警告标志联合使用或附加辅助标志，如图4-66所示。

图4-65　建议速度标志

a. 匝道建议速度　　　　b. 弯道建议速度

图4-66　说明建议速度的缘由

9. 注意潮汐车道标志

注意潮汐车道标志设置在靠近潮汐车道起点的适当位置，用于提示车辆驾驶人前方将进入潮汐车道行驶，如图4-67和图4-68所示。[①]

图4-67　注意潮汐车道标志

---

① 参见GB 5768.2—2022第7.37条。

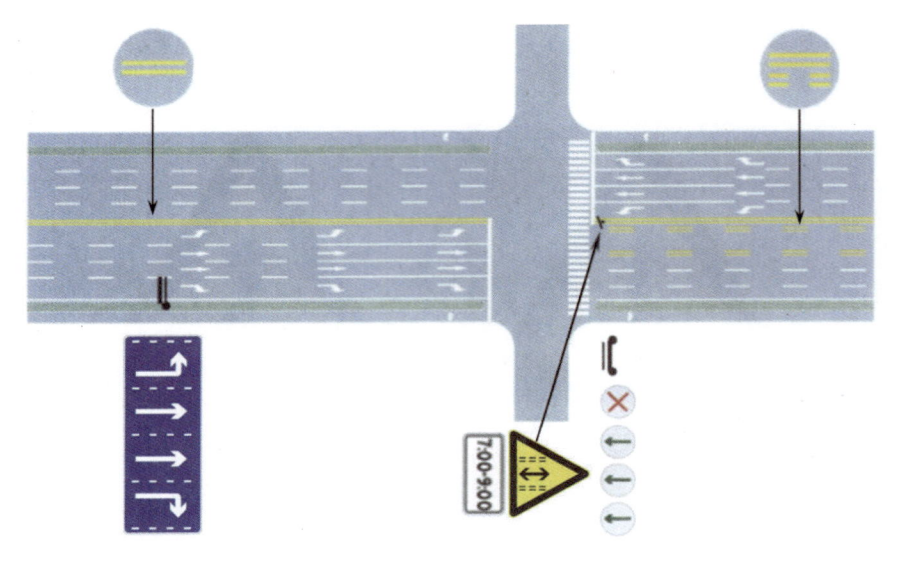

图4-68 注意潮汐车道标志设置位置

10. 注意保持车距标志

注意保持车距标志设置在行驶速度较快的路段前,用于提示车辆驾驶人注意保持跟车距离,如图4-69所示。

图4-69 注意保持车距标志

11. 注意合流标志

注意合流标志设置在靠近两条道路的交会部位,用于提示前方有合流车辆,要防止车辆刮蹭或挤撞事故,如图4-70所示。

a. 左侧合流　　　　b. 右侧合流

图4-70 注意合流标志

12. 注意车道数变少标志

注意车道数变少标志表示前方道路车道数量减少,在外侧车道行驶的车辆驾驶人要做好向左变更车道的准备,以免发生车辆刮蹭事故,如图4-71所示。

a. 式样一 　　　　　　　　b. 式样二

图4-71　注意车道数变少标志

13. 避险车道标志

避险车道标志用于提醒货车驾驶人注意前方道路设有避险车道，如图 4-72 所示。图 4-72a 表示前方有避险车道，图 4-72b 表示前方 1 km 处有避险车道，图 4-72c 表示前方 500 m 处有避险车道。

a. 避险车道

b. 前方1 km处有避险车道

c. 前方500 m处有避险车道

图4-72　避险车道标志（续）

有些道路连绵数千米都是下坡，为了控制车速，驾驶人会频繁制动。频繁制动会造成制动系统高温。制动系统高温会导致制动失灵，从而产生车速失控的严重后果，大吨位重载货车发生这类险情的可能性更大。这时可以将速度失控的车辆驶入道路外侧的避险车道。

如图 4-73 所示，图中左侧的车道为车行道，右侧的车道为避险车道。避险车道是在车行道外侧修建的辅助车道，避险车道大多为上坡车道，路面铺装有厚厚的碎石或者松软的沙砾，用于增加车轮的滚动阻力。速度失控的车辆进入避险车道行驶，在车轮滚动阻力和车辆上坡阻力的双重作用下，可以尽快减速或停车。

图4-73　避险车道

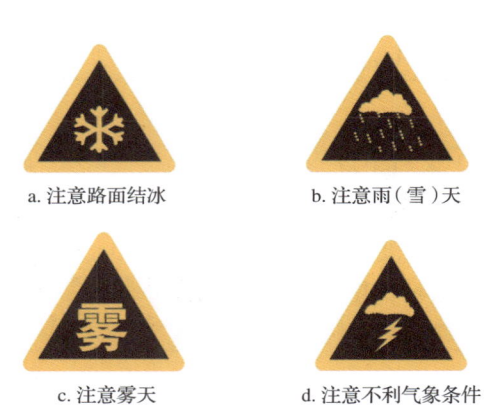

14. 注意不良气候标志

注意不良气候标志用于提示车辆驾驶人注意不良气候对安全行车的影响，如图4-74所示。

a. 注意路面结冰　　　　b. 注意雨（雪）天

c. 注意雾天　　　　d. 注意不利气象条件

图4-74　注意不良气候标志

特别提示

车辆摆头甩尾的处置技巧

车辆在冰雪、泥泞等湿滑道路上行驶，容易发生摆头和甩尾的现象。

如图4-75所示，假如前轮侧滑，造成车头靠向路边，不可猛打方向修正，不可急踩制动踏板，那样会加剧车辆摆头。车辆在行驶中前轮侧滑时，驾驶人应该随即停车，然后向后倒车，让车身重新回到道路中间，再接着继续向前行驶。

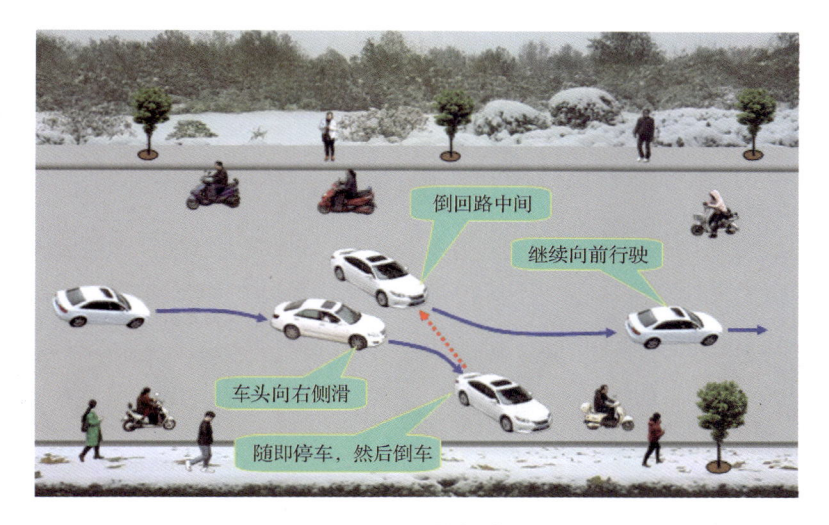

图4-75 处置侧滑摆头

如图4-76所示，假如后轮侧滑，造成车尾靠向路边，不可急踩制动踏板，不可猛打方向修正，那样会加剧车辆甩尾的情况。车辆在行驶中后轮侧滑时，驾驶人应该放松油门，利用发动机制动降低车速，同时向侧滑甩尾的一侧平缓地转动转向盘，等到车身修正之后，再逐渐驶向道路中间。

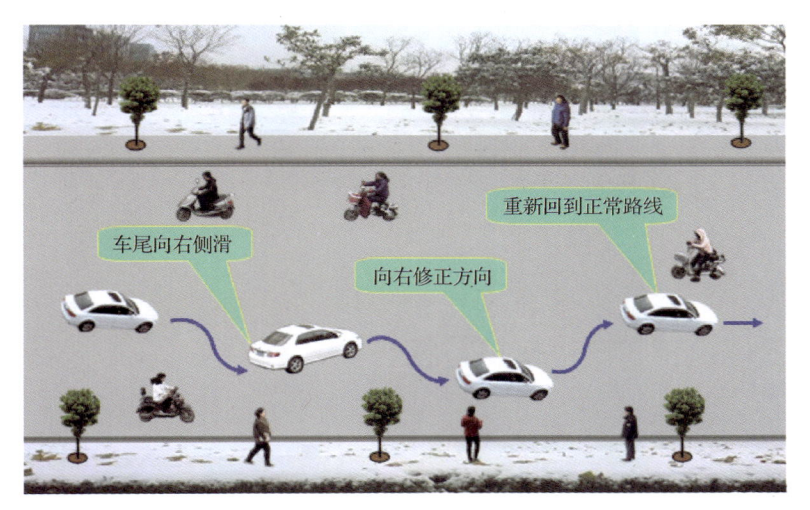

图4-76 处置侧滑甩尾

15. 注意前方车辆排队标志

注意前方车辆排队标志用于提示车辆驾驶人按照顺序排队通过，不可超车，如图4-77所示。

图4-77 注意前方车辆排队标志

16. 线形诱导标

位于道路边缘的线形诱导标用于告知车辆驾驶人道路边缘线，设置在易发生事故的弯道、小半径匝道曲线外侧、视线不好的T形交叉口等处，如图4-78所示。

a. 式样一　　　　b. 式样二　　　　c. 式样三

图4-78 路缘线形诱导标

如图4-79所示，为了避免过往车辆剐蹭墙壁，在地下停车场进出口两侧的墙壁上，设置了若干块线形诱导标。

图4-79 路边墙壁上的线形诱导标

如图4-80所示，设置在中央隔离设施端部、渠化设施的端部、桥头等处的立面线形诱导标用于诱导车辆驾驶人绕开路面突起的障碍物。

a. 两侧通行　　　　b. 右侧通行　　　　c. 左侧通行

图4-80 立面线形诱导标

立面线形诱导标较为醒目，便于驾驶人发现路面上的突起物，及时采取避让措施。图 4-81 所示为设置在道路中间立柱上的线形诱导标。图 4-82 所示为设置在中央隔离设施端部的线形诱导标。①

图4-81　设置在道路中间立柱上的线形诱导标

图4-82　设置在中央隔离设施端部的线形诱导标

17. 注意积水标志

注意积水标志用于提示车辆驾驶人前方路段会有积水，该标志设置在下穿道路等容易积水的路段，车行道路面的最低点为该标志零点的基准点，如图 4-83 所示。

图4-83　注意积水标志

---

① 参见GB 5768.2—2022第7.44条。

特别提示

通过有积水的涵洞

如图4-84所示，涵洞地势低洼，在下暴雨时，涵洞内如果有积水，一定要查明水的深度。

图4-84 注意积水谨慎通行

有些涵洞的入口处设置有注意积水标志，驾驶人可以根据标志指示的水位判断车辆能否通过。

普通轿车的涉水深度一般为30～40 cm，越野车的涉水深度一般为40～70 cm。如果水位已经超过车辆的涉水深度，车辆就很可能在水中熄火。

第五章
指路标志

一、一般道路指路标志

根据功能不同,可以把一般道路指路标志划分为路径指引标志、地点指引标志、道路沿线设施指引标志、其他道路信息指引标志等类型。

1. 路径指引标志

(1)交叉路口预告标志。

交叉路口预告标志用于预告前方交叉路口的有关情况,包括交叉路口形式、交叉公路的编号或者交叉道路的名称、通往方向信息、地理方向信息,以及距前方交叉路口的距离。

如图 5-1～图 5-4 所示,交叉路口预告标志版面分为图形式(含环岛图形式)、堆叠式、车道式等类型。

a. 式样一 　　　　　　　　　　b. 式样二

c. 式样三 　　　　　　　　　　d. 式样四

图5-1　图形式

图5-2 环岛图形式

a. 式样一　　　　　　　b. 式样二

图5-3 堆叠式

图5-4 车道式

高架路和立交桥可以提高道路的通行能力，但也让路网变得复杂起来，指路标志在这些地点显得更加有必要。

如图5-5所示，在高架路的入口处，路口上方，左侧为驶向高架路的指路标志，右侧为高架路下方路口的指路标志。

图5-5 高架路入口处的指路标志

如图 5-6 所示，在环形立交路口上方，左侧的指路标志指明立交桥顶层的通行方向，右侧的指路标志指明立交桥一层和二层的通行方向。

图5-6　环形立交路口处的指路标志

如图 5-7 所示，高架路入口处用指路标志提示车辆驾驶人，因地铁施工，前方文化路的下桥匝道在交通高峰期封闭，具体的封闭时段为 7:30—9:00 和 17:00—20:00。

图5-7　告知下桥匝道封闭时段

（2）交叉路口告知标志。

交叉路口告知标志用于告知前方交叉路口的有关情况，包括交叉路口形式、交叉公路的编号或者交叉道路的名称、通往方向信息、地理方向信息。

交叉路口告知标志通常设置在路口信号灯杆下方，用于表示被交道路、直行道路的道路编号或道路名称，如图 5-8～图 5-12 所示。

a. 国道编号 　　b. 省道编号 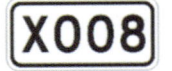　　c. 县道编号 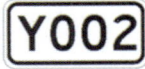　　d. 乡道编号

图5-8　道路编号

图5-9　路名

a. 式样一 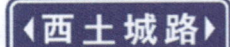　　b. 式样二 　　c. 式样三 　　d. 式样四

图5-10　道路名称方向

图5-11　东西走向路名牌

图5-12　南北走向路名牌

(3) 确认标志。

如图 5-13、图 5-14 所示，确认标志用于确认前方到达地点的距离。

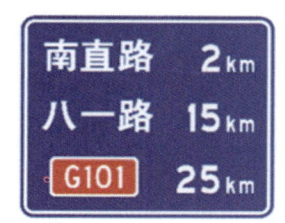

a. 式样一　　　　　　　　b. 式样二

图5-13　地点距离标志

图5-14　确认地点距离的指路标志

2. 地点指引标志

(1) 地名标志。

地名标志设置在道路沿线经过的市、县（区）、镇（乡）、村的边缘处，如图 5-15 所示。

a. 式样一　　　　　b. 式样二　　　　　c. 式样三

图5-15　地名标志

(2) 分界标志。

分界标志设置在行政区划的分界处，板面朝向行车方向，或者设置在道路养护段、道班管辖分界处，板面平行于行车方向，如图 5-16、图 5-17 所示。

图5-16　行政区划分界标志

图5-17　道路管理分界标志

（3）地点识别标志。

地点识别标志用于向道路使用者提供重要场所的识别和指向，该标志设置在所标识地点前适当位置，如图5-18、图5-19所示。

a. 急救站识别标志

b. 飞机场识别标志

c. 某一方向有多个重要场所识别标志

d. 加油站识别标志

e. 电动汽车充电站识别标志

f. 地铁识别标志

图5-18　地点识别标志

a. 急救站向右

b. 飞机场向右

图5-19　地点识别加辅助标志

3. 道路沿线设施指引标志

（1）停车场（区）标志。

停车场（区）标志设置在停车场（区）入口处附近，如图5-20所示。

a. 露天停车场

b. 室内停车场

图5-20　停车场（区）标志

如图 5-21 所示，在市区道路沿线设置了许多这样的交通标志牌，标明通往停车场的方向、停车泊位数量等信息，为人们中途停车寻找停车场提供了便利。

图5-21　指引停车场方向

（2）错车道标志。

错车道标志设置在靠近双向错车困难的路段，用于提示车辆驾驶人前方有避让来车的路面，如图 5-22 所示。

图5-22　错车道标志

（3）港湾式紧急停车带标志。

港湾式紧急停车带标志用于指引港湾式紧急停车带的位置，如图 5-23 所示。

图5-23　港湾式紧急停车带标志

（4）人行天桥标志和人行地下通道标志。

人行天桥标志用于标明道路前方有人行过街天桥，如图 5-24 所示。

图5-24　人行天桥标志

如图5-25所示，人行天桥标志设置在距离过街天桥较近的位置，以便指引行人利用人行过街天桥由道路的一侧到达道路的另一侧。

图5-25　人行天桥附近的交通标志

人行地下通道标志用于标明道路前方有人行过街地下通道，如图5-26所示。

如图5-27所示，人行地下通道标志设置在过街地下通道的出入口附近，以便指引行人利用人行地下通道由道路的一侧到达道路的另一侧。

图5-26　人行地下通道标志

图5-27　人行地下通道出入口

（5）无障碍设施标志。

无障碍设施标志用于指示残疾人设施的位置，如图 5-28 所示。

图5-28　无障碍设施标志

（6）服务站标志。

服务站标志设置在服务站的入口附近，如图 5-29 所示。

图5-29　服务站标志

（7）停车点标志。

停车点标志设置在停车点入口附近，如图 5-30 所示。

图5-30　停车点标志

（8）观景台标志。

观景台标志用于标明可供游人观赏风景的地点，如图 5-31 所示。

图5-31　观景台标志

如图 5-32 所示，观景台标志设置在距离观赏风景地点较近的道路两侧。[①]

[①] 参见GB 5768.2—2022第8.5.8条。

图5-32 观景台标志的设置

（9）应急避难设施（场所）标志。

应急避难设施（场所）标志用于告知应急避难设施的位置，该标志设置在应急避难场所、隧道等设施的疏散通道附近，如图5-33所示。

图5-33 应急避难设施（场所）标志

如图5-34所示，在公园通往地下通道入口处的位置设置了应急避难场所标志。

图5-34 公园外围的应急避难场所标志

（10）超限检测站标志。

超限检测站标志用于告知超限检测站地点，如图5-35所示。

a. 距超限检测站500 m 　　b. 超限检测站入口

图5-35　超限检测站标志

4. 其他道路信息指引标志

（1）绕行标志。

绕行标志用于告知车辆在前方路口绕行的路线，如图5-36所示。

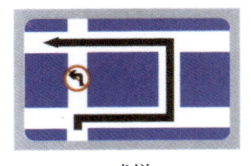

a. 式样一 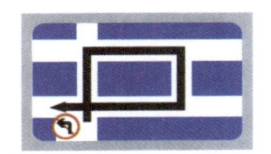　　b. 式样二 　　c. 式样三

图5-36　绕行标志

（2）此路不通标志。

此路不通标志用于告知前方是断头路，无法通行，如图5-37所示。

图5-37　此路不通标志

（3）隧道出口距离标志。

隧道出口距离标志表示到达隧道出口的距离，如图5-38、图5-39所示。

a. 向右侧弯曲 　　b. 直行 　　c. 向左侧弯曲

图5-38　位于顶部的隧道出口距离标志

a. 向右侧弯曲 　　b. 直行 　　c. 向左侧弯曲

图5-39　位于侧壁的隧道出口距离标志

（4）方向标志。

方向标志用于表示道路方向，该标志可设置在指路标志的版面外，也可以设置在指路标志的版面中，如图 5-40 所示。

a. 指路标志版面外的方向标志　　　b. 指路标志版面中的方向标志

图5-40　方向标志

（5）里程碑及里程牌。

里程碑用于告知公路的里程，设置在公路桩号递增方向的右侧，每隔 1 km 设置一块，正反面均显示道路编号及里程，如图 5-41 所示。在路旁条件所限无法设置里程碑时，可设置里程牌，如图 5-42 所示。

a. 式样一　　　b. 式样二

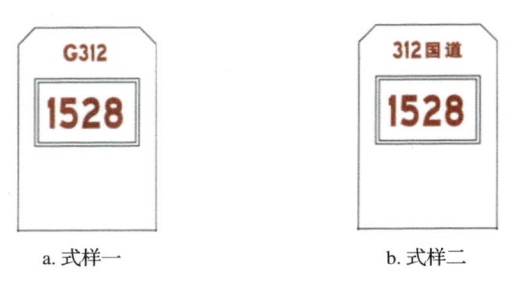

图5-41　里程碑

图5-42　里程牌

二、高速公路及城市快速路指路标志

根据功能不同，可以把高速公路及城市快速路指路标志划分为路径指引标志、沿线信息指引标志、沿线设施指引标志等类型。

1. 路径指引标志

（1）入口指引标志。

① 入口预告标志，用于告知进入高速公路或城市快速路的入口，如图 5-43～图 5-46 所示。

a. 式样一　　　　b. 式样二　　　　c. 式样三

图5-43　入口预告（进入后2个方向）标志

a. 式样一　　　　b. 式样二　　　　c. 式样三

图5-44　入口预告（进入后1个方向）标志

a. 式样一　　　　b. 式样二　　　　c. 式样三

图5-45　无编号高速公路或城市快速路入口预告标志

a. 式样一　　　　b. 式样二　　　　c. 式样三

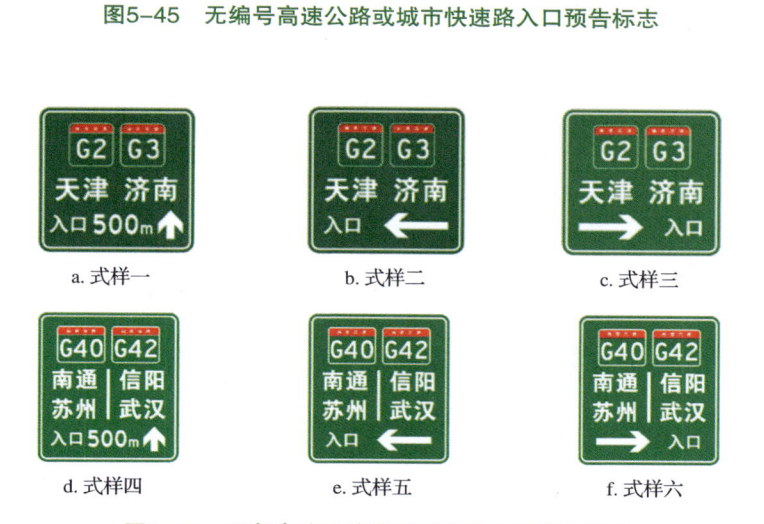

d. 式样四　　　　e. 式样五　　　　f. 式样六

图5-46　两条高速公路路段重合的入口预告标志

图 5-47 所示为城市快速路入口预告标志。图 5-48 所示为城市快速路入口标志。[①]

---

① 参见GB 5768.2—2022第9.3.1条。

图5-47 城市快速路入口预告标志

图5-48 城市快速路入口标志

② 地点、方向标志，用于告知高速公路或城市快速路两个行驶方向，如图5-49所示。

a. 不带编号信息的地点、方向

b. 带编号信息的地点、方向

图5-49 地点、方向标志

如图5-50所示，为了便于车辆驾驶人了解前方道路的去向，在城市快速路的分道处设置了地点、方向标志。

图5-50 提示道路去向的地点、方向标志

（2）确认标志。

① 路名编号标志用于告知高速公路的名称及编号，如图5-51所示。

a. 国家高速公路编号 　　　　b. 省级高速公路编号

图5-51 路名编号标志

如图5-52所示，可以为路名编号标志增加方向信息。

a. 增加地理方位 　　　　b. 增加地理方位及方向 　　　　c. 重合路段增加地理方位

图5-52 增加方向信息的路名编号标志

② 路名标志用于告知城市快速路的名称，如图5-53所示。

图5-53　路名标志

③ 地点距离标志用于预告高速公路或城市快速路前方要经过的重要地点、道路的名称和距离，如图5-54、图5-55所示。

a. 式样一 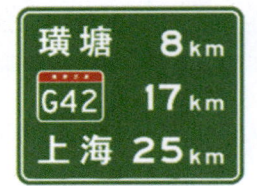　　　　　　　　　　b. 式样二

图5-54　一般的地点距离标志

a. 式样一 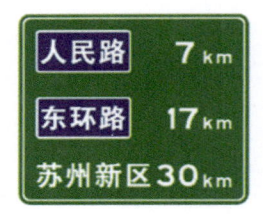　　　　　　　　　　b. 式样二

图5-55　城市区域多个出口时地点距离标志

如图5-56所示，标志横线上方为当前道路地点距离信息，标志横线下方为将要到达地点的距离信息。

a. 式样一 　　　　　　　　　　b. 式样二

图5-56　同时指引前方到达道路上的地点距离的地点距离标志

城市快速路为全封闭、全立交的路网，随着城市快速路通车里程的增加，路网越来越复杂，进入城市快速路行驶要注意观察道路上方的指路标志，如图5-57所示。

图5-57 城市快速路的出口地点距离标志

（3）出口指引标志。

① 出口编号标志用于表示出口编号，如图5-58所示。

a. 式样一 　　　　　　b. 式样二 　　　　　　c. 式样三

图5-58 出口编号标志

② 出口预告标志用于预告前方出口，如图5-59、图5-60所示。

a. 2 km出口预告 　　b. 1 km出口预告 　　c. 500 m出口预告 　　d. 出口方向

图5-59 有编号的出口预告及出口方向标志

a. 2 km出口预告 　　b. 1 km出口预告 　　c. 500 m出口预告 　　d. 出口方向

图5-60 无编号的出口预告及出口方向标志

③ 300 m、200 m、100 m出口预告标志用于标识出口的距离，如图5-61所示。

a. 设置于左侧　　　　　　　　　b. 设置于右侧

图5-61　300 m、200 m、100 m出口预告标志

④ 出口标志用于引导车辆通过高速公路或城市快速路出口，如图5-62所示。

a. 式样一　　　　　　　　　b. 式样二

图5-62　出口标志

⑤ 下一出口预告标志，用于预告下一出口的信息和距离，如图5-63所示。

a. 式样一　　　　　　　　　b. 式样二

图5-63　下一出口预告标志

特别提示

错过高速公路出口怎么办

　　与一般道路相比，高速公路具有自身的特殊性，在通行规则上有一些特别需要注意的规定。

　　高速公路属于单向交通，而且车辆行驶速度快，如果在高速公路倒车、逆行、掉头、停车，就很容易引发车辆碰撞的交通事故。

　　为了避免错过高速公路的出口，在驶入高速公路前应该事先了解高速公路途经的路线，在驶入高速公路后要注意观察指路标志。

　　如图5-64～图5-66所示，如果在分岔口选错了行驶路线，或者错过了高速公路出口，不允许倒车、逆行、掉头，不允许停车问道，只能继续向前行驶，在下一个出口驶离高速公路。

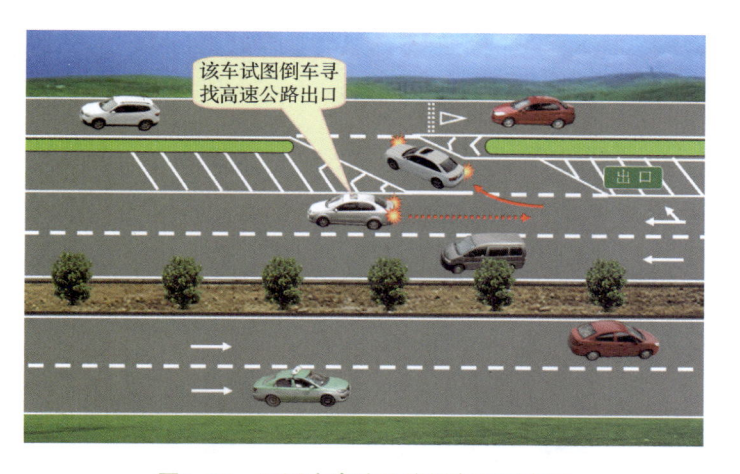

图5-64　不要在高速公路倒车返回出口

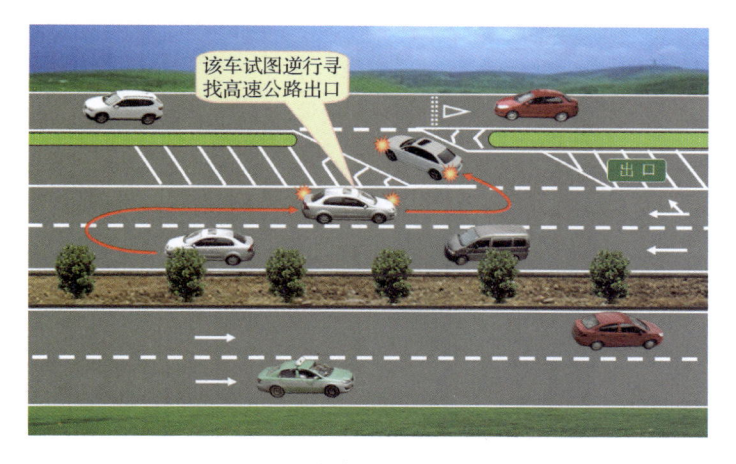

图5-65　不要在高速公路逆行返回出口

图5-66　不要在高速公路掉头返回出口

在高速公路的出口处，距离收费站不远的地点设有专供车辆掉头的缺口，可以利用这一缺口掉头返回高速公路，然后在预定的高速公路出口驶离高速公路。

如果车辆在高速公路行驶错过了预定的出口，相距下一个出口还有较远的路程，那么可以继续向前行驶,进入前方的高速公路服务区,利用高速公路服务区的下穿通道到达高速公路的另一侧,在高速公路的另一侧寻找预定的出口。

2. 沿线信息指引标志

(1) 起点标志。

起点标志设置在高速公路或城市快速路的起点,图5-67所示为有统一编号的高速公路起点标志,图5-68所示为无统一编号的高速公路或城市快速路起点标志。

a. 式样一　　　　　　b. 式样二

图5-67　有统一编号的高速公路起点标志

图5-68　无统一编号的高速公路或城市快速路起点标志

(2) 终点预告标志。

终点预告标志用于预告高速公路或城市快速路终点。有统一编号的高速公路终点预告标志,如图5-69所示。无统一编号的高速公路或城市快速路终点预告标志,如图5-70所示。

a. 距终点2 km　　　b. 距终点1 km　　　c. 距终点500 m

图5-69　有统一编号的高速公路终点预告标志

a. 距终点2 km　　　b. 距终点1 km　　　c. 距终点500 m

图5-70　无统一编号的高速公路或城市快速路终点预告标志

（3）终点标志。

终点标志用于告知高速公路终点。有统一编号的高速公路终点标志，如图5-71所示。无统一编号的高速公路或城市快速路终点标志，如图5-72所示。

a. 国家高速公路终点 　　　　b. 省级高速公路终点

图5-71　有统一编号的高速公路终点标志

图5-72　无统一编号的高速公路或城市快速路终点标志

（4）交通信息标志。

交通信息标志用于提示收听高速公路或城市快速路交通信息广播的频率，如图5-73所示。

图5-73　交通信息标志

（5）里程牌和百米牌。

里程牌用于告知高速公路或城市快速路的里程、公路编号或名称，如图5-74所示。

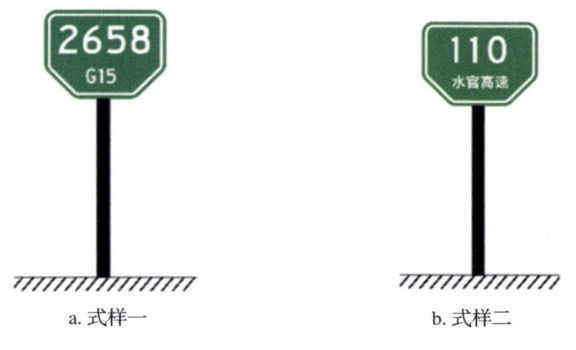

a. 式样一　　　　b. 式样二

图5-74　里程牌

百米牌设置在高速公路或城市快速路两侧的里程牌之间，每隔 100 m 设置一块，如图 5-75 所示。

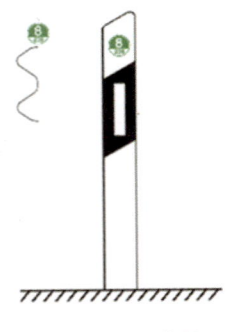

图5-75　百米牌

（6）停车领卡标志。

停车领卡标志用于提示停车领卡，如图 5-76 所示。

图5-76　停车领卡标志

（7）特殊天气建议速度标志。

特殊天气建议速度标志用于在雨、雪、雾等不良天气下为车辆驾驶人提供建议行驶速度，如图 5-77 所示。

a. 式样一　　　　b. 式样二

图5-77　特殊天气建议速度标志

3. 沿线设施指引标志

（1）紧急电话标志。

紧急电话标志用于指示高速公路紧急电话的位置，如图 5-78、图 5-79 所示。

图5-78　紧急电话标志

a. 式样一　　　　b. 式样二　　　　c. 式样三

图5-79　电话位置指示

（2）救援电话标志。

救援电话标志用于告知救援电话号码，如图5-80所示。

图5-80　救援电话标志

（3）收费站预告及收费站标志。

收费站预告及收费站标志用于告知前方收费站的距离和位置，如图5-81所示。

a. 距收费站1 km　　　　b. 距收费站500 m　　　　c. 收费站入口

图5-81　设有电子不停车收费（ETC）车道的收费站预告及收费站标志

（4）电子不停车收费（ETC）车道指引标志。

电子不停车收费（ETC）车道指引标志用于告知电子不停车收费车道，标志中的黄色箭头标志为ETC车道的位置，如图5-82所示。

图5-82　电子不停车收费（ETC）车道指引标志

（5）电子不停车收费（ETC）车道、人工收费车道、绿色通道标志。

电子不停车收费（ETC）车道、人工收费车道、绿色通道标志用于告知相应的车道或通道，如图5-83所示。

a. 电子不停车收费（ETC）车道 　　b. 人工收费车道 　　c. 绿色通道

图5-83　收费车道及绿色通道标志

（6）服务区预告标志。

服务区预告标志用于预告服务区的距离及位置，如图5-84所示。

a. 距服务区2 km 　　b. 距服务区1 km 　　c. 减速车道起点 　　d. 服务区入口

图5-84　服务区预告标志

（7）停车区预告标志。

停车区预告标志用于预告停车区的距离及位置，如图5-85所示。

a. 距停车区1 km 　　b. 减速车道起点 　　c. 停车区入口

图5-85　停车区预告标志

（8）爬坡车道标志。

爬坡车道标志用于告知前方最右侧车道是大型重载车辆爬坡专用的车道，如图5-86所示。爬坡车道标志的设置，如图5-87所示。

a. 设在距爬坡车道渐变段起点前200 m处 　　b. 设在爬坡车道渐变段起点附近

c. 设在爬坡车道中间适当位置 　　d. 设在爬坡车道结束前适当位置

图5-86　爬坡车道标志

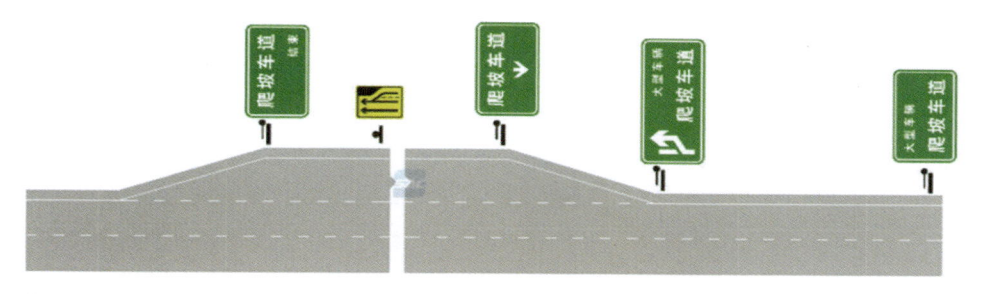

图5-87　爬坡车道标志的设置

第六章
其他标志

一、旅游区标志

旅游区标志用于告知人们通往旅游区的方向和距离，了解旅游项目的类别。

1. 旅游指引标志

如图6-1、图6-2所示，旅游指引标志用于告知即将到达的旅游区的名称、前往旅游区的方向或距离等信息。

图6-1　旅游区距离标志

a. 设在交叉路口　　　　　　　　　b. 设在减速车道起点

图6-2　旅游区方向标志

如图6-3所示，旅游区距离标志指明了进入大型旅游区到达各个旅游景点的距离。

图6-3　道路上的旅游区距离标志

如图6-4所示，旅游区距离标志指明了到达某个旅游景点的距离。

图6-4　到达旅游景点的距离

2. 旅游符号标志

旅游符号标志用于提供前往各旅游景点的引导，以便游客了解景点的旅游项目，如图6-5、图6-6所示。

信息服务	徒步	索道	野营地
营火	旅居车营地	骑马	钓鱼
高尔夫球	潜水	游泳	划船
冬季游览区	滑雪	滑冰	

图6-5　旅游符号标志

a. 式样一　　　　　　　　　　　　　　b. 式样二

图6-6　旅游符号标志与旅游区名称组合

如图6-7所示，有些游乐区占地面积大、旅游项目多，在游乐区的入口处设置了信息服务处。

图6-7　旅游区入口处的信息服务处

如图6-8所示，旅游区为游客提供了钓鱼和观赏游鱼的区域。

图6-8　钓鱼和观赏游鱼的区域

二、告示标志

告示标志用于解释道路设施、指引路外设施，告示有关道路交通安全法规及交通管理安全行车的提醒等内容，如图 6-9 所示。

图6-9　机动车限行告示标志

1. 道路设施解释标志

（1）用于告知车辆驾驶人所在高速公路名称及编号的告示标志，如图 6-10 所示。

图6-10　告知所在高速公路名称及编号的告示标志

（2）用于告知车辆驾驶人交通监控设备信息的告示标志，如图 6-11、图 6-12 所示。

a. 违法抓拍　　b. 前方测速

图6-11　告知交通监控设备的告示标志

a. 区间测速起点　　b. 区间测速终点　　c. 区间测速长度500 m

图6-12　告知前方测速路段的告示标志

2. 路外设施指引标志

路外设施指引标志用于告知道路使用者对外服务的政府机关、餐饮住宿、24小时药店等信息，如图6-13所示。

图6-13　路外设施指引标志

3. 行车安全提醒标志

行车安全提醒标志用于在车辆行驶中提醒驾驶人需要注意的情况或需要避免的驾驶行为，如图6-14所示。

a. 驾驶时禁用手持电话

b. 禁扔弃物

c. 系安全带

d. 交替通行

e. 前方车道控制

f. 严禁空挡下坡

图6-14　行车安全提醒标志

图6-15所示为高速公路入口匝道处的系安全带提示标志。[①]

图6-15　入口匝道处的系安全带提示标志

---

① 参见GB 5768.2—2022第11.4条。

三、辅助标志

1. 表示时间的辅助标志

表示时间的辅助标志可对主标志进行时段规定，如图6-16所示。

a. 规定一个时段　　　　　b. 规定两个时段

图6-16　表示时间的辅助标志

如图6-17所示，前方的居民小区在上下班的时间段过往的行人和非机动车频繁，此时不允许机动车驶入前方的道路。

图6-17　上下班时段不允许机动车驶入

2. 表示车辆种类及属性的辅助标志

表示车辆种类及属性的辅助标志可规定主标志指向的车辆种类及属性，如图6-18所示。

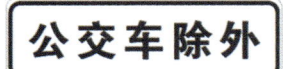

a. 公交车除外　　　　　b. 机动车

c. 货车　　　　　d. 货车、拖拉机

图6-18　表示车辆种类及属性的辅助标志

如图6-19所示,从地面上施划的两个同方向白色箭头可以看出,该路段属于同方向两车道单行路,如果面对禁止机动车通行标志的汽车驶入该道路,就必然构成逆向行驶。但是,该路段又是公交线路,为了不影响公交车运行,在主标志的下方增设辅助标志,赋予公交车通行权。

图6-19　禁止公交车以外的机动车通行

如图6-20所示,前方道路禁止停车,但沿途施划的停车位不受此限制。

图6-20　停车位不受禁止停车限制

3. 表示方向的辅助标志

表示方向的辅助标志用于规定主标志所指方向,如图6-21所示。

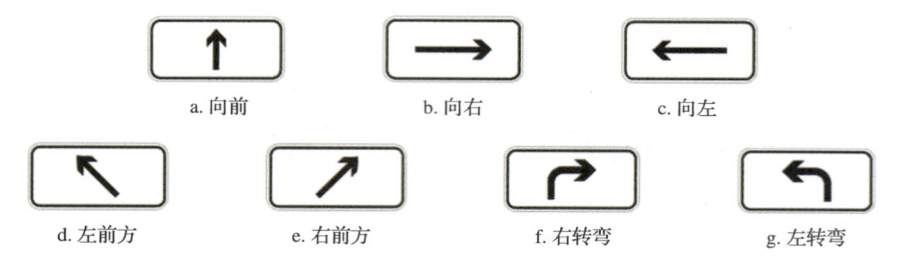

a. 向前　　b. 向右　　c. 向左

d. 左前方　　e. 右前方　　f. 右转弯　　g. 左转弯

图6-21　表示行驶方向的辅助标志

4. 表示区域或距离的辅助标志

表示区域或距离的辅助标志用于规定主标志所指区域或距离，如图 6-22 所示。长度辅助标志及其使用，如图 6-23 所示。

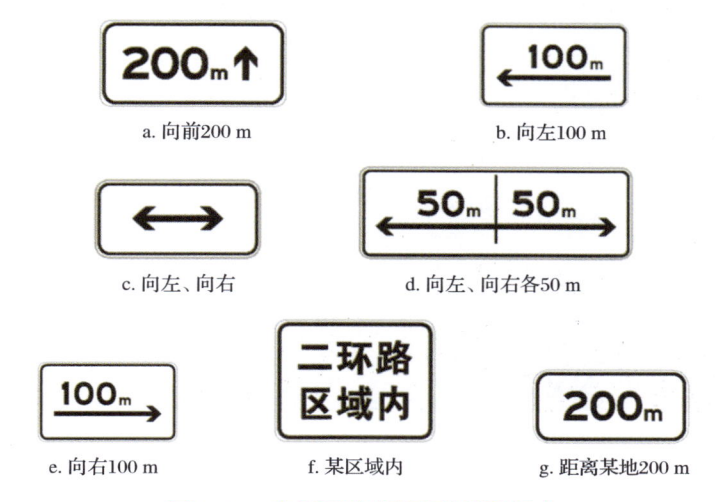

a. 向前200 m
b. 向左100 m
c. 向左、向右
d. 向左、向右各50 m
e. 向右100 m
f. 某区域内
g. 距离某地200 m

图6-22　表示区域或距离的辅助标志

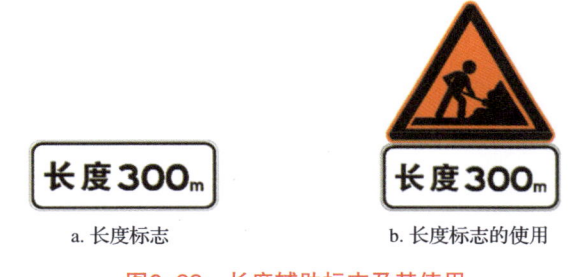

a. 长度标志
b. 长度标志的使用

图6-23　长度辅助标志及其使用

5. 表示禁令、指示、警告标志的理由的辅助标志

表示禁令、指示、警告标志的理由的辅助标志（示例）如图 6-24 所示。

a. 学校
b. 海关
c. 事故
d. 塌方
e. 教练车行驶路线
f. 驾驶考试路线

图6-24　表示理由的辅助标志

如图 6-25 所示，按照交通安全法规的规定，大型机动车载物限高为 4 m，而高架路下方车道的净空高度只能允许高度不足 3.3 m 的车辆通过，于是利用主标志加辅助标志的方式告知大型车辆驾驶人在高架路的外侧车道行驶。

图6-25　大型车辆驾驶人注意净空高度

6. 组合辅助标志

当需要用辅助标志表达两条以上的信息时，可以采用组合辅助标志，如图6-26所示。

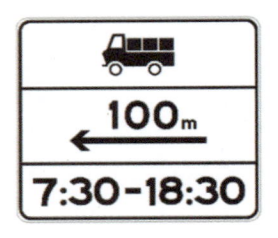

图6-26　组合辅助标志

下 篇
交通标线

第七章 交通标线概述

一、交通标线的概念

交通标志和交通标线是法定的道路通用语言，是营造交通环境的重要因素。特别是交通标线，可以精准地规范车辆的行驶路线、行驶方向、停车地点。交通标线可以与交通标志配合使用，也可以单独使用。

什么是交通标线？

交通标线全称为"道路交通标线"，根据《道路交通标志和标线 第3部分：道路交通标线》（GB 5768.3—2009）的定义，道路交通标线是由施划或安装于道路上的各种线条、箭头、文字、图案及立面标记、实体标记、突起路标和轮廓标等所构成的交通设施。它的作用是向道路使用者传递有关道路交通的规则、警告、指引等信息。[1]

二、不同线条的功用

交通标线大多数是以线条的形态呈现的，不同形态的线条、不同颜色的线条具有不同的含义和功用。交通标线的种类繁多，概括起来主要有以下几种形态。

1. 白色虚线

白色虚线如图7-1所示。施划在路段中的白色虚线，用于分隔同向行驶的车流；施划在路口内的白色虚线，用于引导车辆行进。

图7-1 白色虚线

2. 白色实线

白色实线如图7-2所示。施划在路段中的白色实线，用于分隔同向行驶的车辆，或指示车行道的边缘；施划在路口内的白色实线，用作导向车道线或停止线，或引导车辆

---

[1] GB 5768.3—2009第3.1条。

行驶轨迹；施划在停车位的白色实线，用于指示收费停车位。

图7-2　白色实线

3. 黄色虚线

黄色虚线如图 7-3 所示。施划在路段中的黄色虚线，用于分隔对向行驶的交通流或作为公交专用车道线；施划在路口内的黄色虚线，用于告知非机动车禁止驶入的范围，或路口的导向线；施划在路侧或路缘石的黄色虚线，表示禁止在路边长时停车。

图7-3　黄色虚线

4. 黄色实线

黄色实线如图 7-4 所示。施划在路段中的黄色实线，用于分隔对向行驶的车流或作为公交车、校车专用停靠站标线；施划在路侧或路缘石上的黄色实线，表示禁止在路边停车；施划为网状线的黄色实线，表示禁止停车的区域；出现在停车位的黄色实线，表示专属停车位。

图7-4　黄色实线

5. 双白虚线

双白虚线如图 7-5 所示。双白虚线施划在路口，作为减速让行线。

图7-5　双白虚线

6. 双白实线

双白实线如图 7-6 所示。双白实线施划在路口，作为停车让行线。

图7-6　双白实线

7. 白色虚实线

白色虚实线如图 7-7 所示。白色虚实线用于分隔同向行驶的车流，虚线侧允许车辆临时越线，实线侧禁止车辆压线和越线。

图7-7　白色虚实线

8. 双黄实线

双黄实线如图 7-8 所示。施划在路段中的双黄实线用于分隔对向行驶的车流。

图7-8　双黄实线

9. 双黄虚线

双黄虚线如图 7-9 所示。施划在路段中的双黄虚线表示该车道是潮汐车道。

图7-9　双黄虚线

10. 黄色虚实线

黄色虚实线如图 7-10 所示。施划在路段中的黄色虚实线用于分隔对向行驶的车流，实线一侧禁止车辆压线和越线，虚线一侧准许车辆临时越线。

图7-10　黄色虚实线

三、交通标线的种类

交通标线的种类，如表 7-1 ～表 7-3 所示。

表7-1　按功能划分交通标线

种　类	功　　能
指示标线	指示车行道、行车方向、路面边缘、人行道、停车位、停靠站及减速丘等的标线
禁止标线	告示道路交通的遵行、禁止、限制等特殊规定的标线
警告标线	促使道路使用者了解道路上的特殊情况，提高警觉，准备应对防范措施的标线

表7-2　按设置方式划分交通标线

种　类	设置方式
纵向标线	沿道路行车方向设置的标线
横向标线	与道路行车方向交叉设置的标线
其他标线	字符标记或其他形式的标线

表7-3 按形态划分交通标线

种　类	形　态
线条	施划在路面、缘石或立面上的实线或虚线
字符	施划在路面上的文字、数字及各种图形、符号
突起路标	安装在路面上用于标示车道分界、边缘、分合流、弯道、危险路段、路宽变化、路面障碍物位置的反光体或不反光体
轮廓标	安装在道路两侧，用于指示道路边界轮廓、道路的前进方向的反光柱（或反光片）

第八章
指示标线

一、纵向指示标线

1. 可跨越对向车行道分界线

可跨越对向车行道分界线（简称"道路中心虚线"）为黄色虚线，施划在道路中间，用于分隔对向行驶的车流，在不影响对向来车的前提下，可以越线超车或左转弯，如图8-1所示。

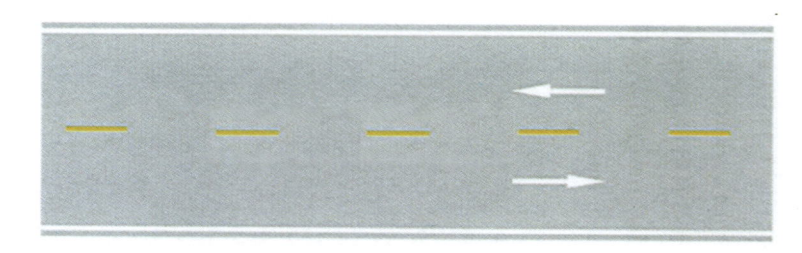

图8-1 可跨越对向车行道分界线

如图8-2所示，双向两车道的道路，以道路中心线为基准，车辆各自在右侧车道内通行。

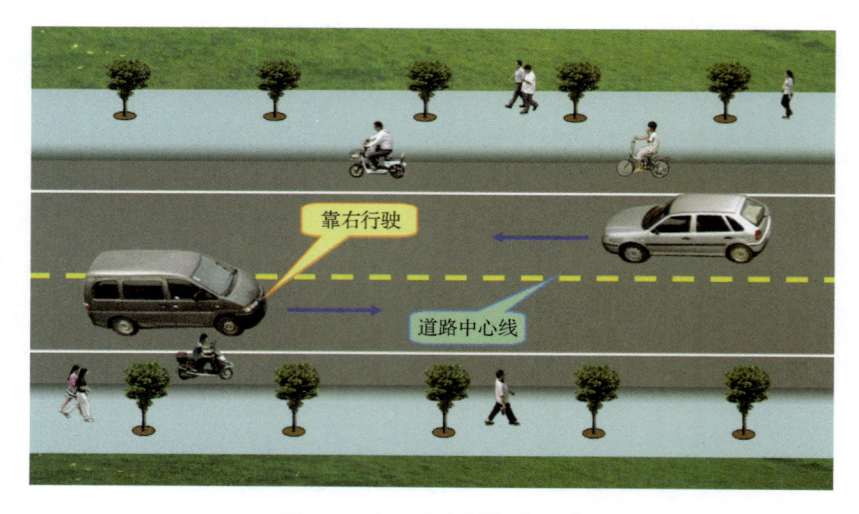

图8-2 车辆在右侧车道行驶

如图 8-3 所示，在对向没有来车的情况下，车辆可以驶向左侧车道实施超车。

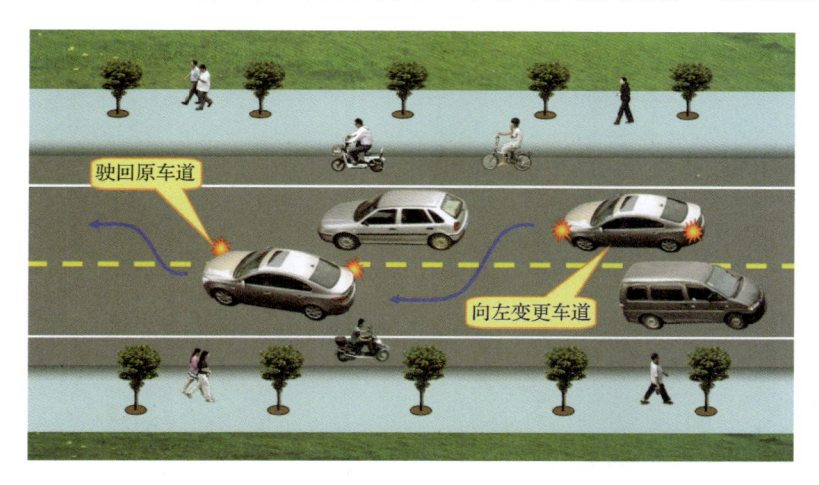

图8-3　利用对向车道超车

2. 可跨越同向车行道分界线

可跨越同向车行道分界线（简称"车道分界线"）为白色虚线，用于施划相同方向的机动车道，在保障安全的情况下，允许车辆越线超车或变更车道，如图 8-4、图 8-5 所示。

图8-4　可跨越同向车行道分界线一

图8-5　可跨越同向车行道分界线二

特别提示

普通道路机动车道的数量

普通道路机动车道数量的多少，主要取决于路面的宽度，如图8-6～图8-9所示。

图8-6　没有专门划设机动车道的道路

图8-7　同向1条机动车道的道路

图8-8　同向4条机动车道的道路

图8-9 双向8条机动车道的道路

车道划分遵循低速置右的原则，同方向行驶，左侧为快速车道，右侧为慢速车道。超车或快速行驶的车辆，应该行驶在左侧车道；低速行驶的车辆，应该行驶在右侧（靠向路边）车道，如图8-10所示。

图8-10 低速置右

3. 潮汐车道线

沿海水位周期性地涨潮和落潮造成的海水边际线的伸张和收缩称为潮汐现象，同一车道车辆行驶方向随时间周期性变化的车道称为潮汐车道。潮汐车道用两条双黄色虚线表示，如图8-11所示。

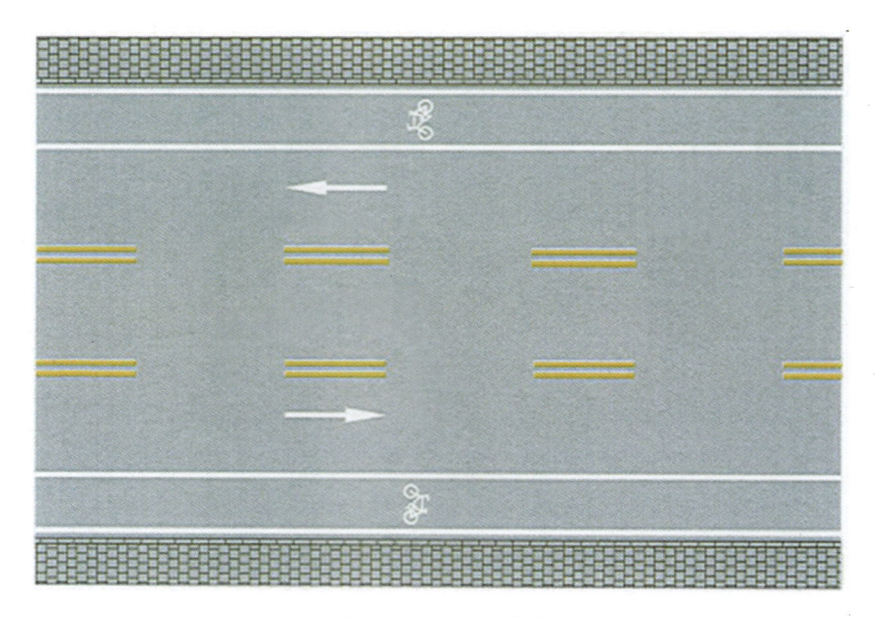

图8-11　潮汐车道线

特别提示

如何通过潮汐车道

有些道路的交通流量变化具有潮汐现象。例如，早高峰进城的车辆多，晚高峰出城的车辆多。如图8-12所示，在车道数量一定的情况下，通过设置潮汐车道，在进城的车辆多的时候，增加进城方向的车道数量；如图8-13所示，在出城的车辆多的时候，增加出城方向的车道数量。

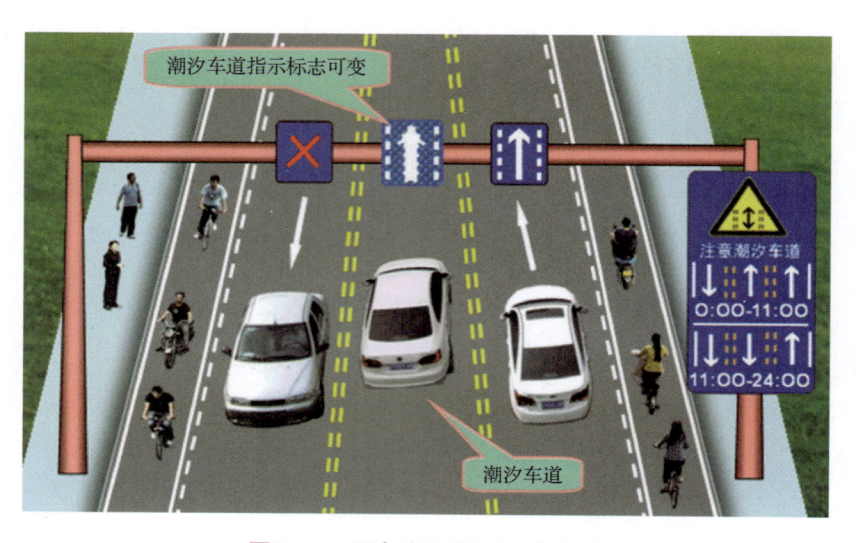

图8-12　早高峰进城方向2条车道

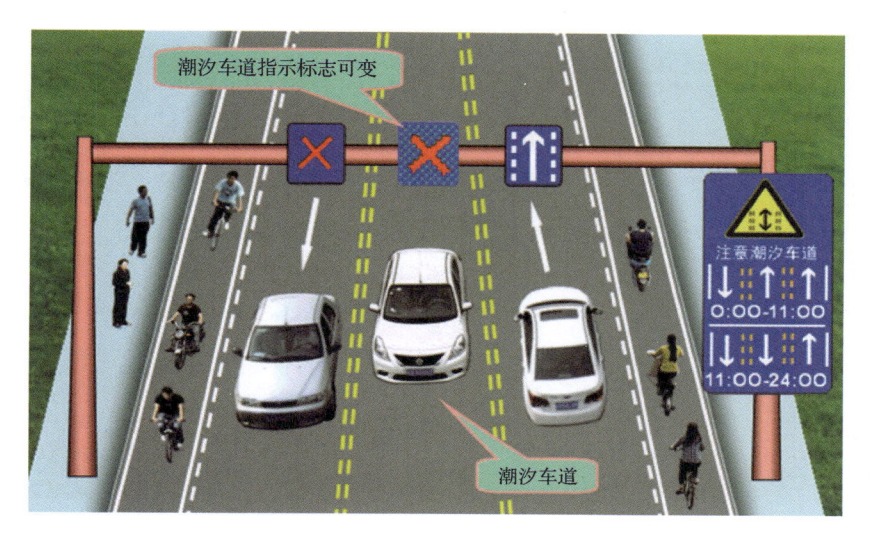

图8-13 晚高峰出城方向2条车道

车辆在施划有潮汐车道的路段行驶时，驾驶人要注意观察交通告示牌的提示，以便了解在不同时段潮汐车道的行驶方向。驾驶人要注意观看道路上方的车道指示标志，当潮汐车道上方的车道指示标志为白色箭头符号时，车辆可以进入潮汐车道行驶；当潮汐车道上方的车道指示标志为红色叉形符号时，禁止车辆在潮汐车道内行驶。

驾驶人不得在施划有潮汐车道的路段违规超车。如图8-14所示，当潮汐车道上方为红色叉形符号时，即便潮汐车道是空闲的，也不准利用潮汐车道超车。

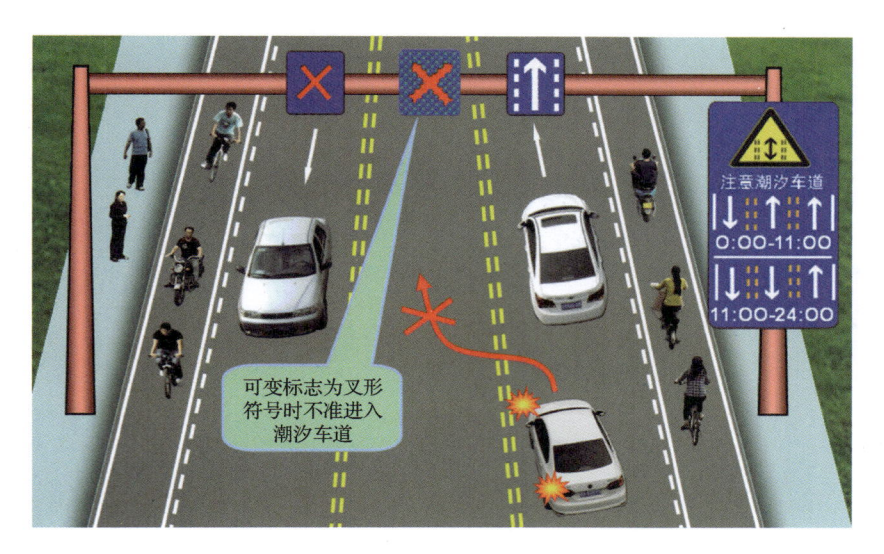

图8-14 不准利用潮汐车道超车

如图8-15所示，当车辆到达交叉路口时，驾驶人要注意观察交通信号灯，只有在交通信号灯为绿灯时，直行车辆才能通过交叉路口。

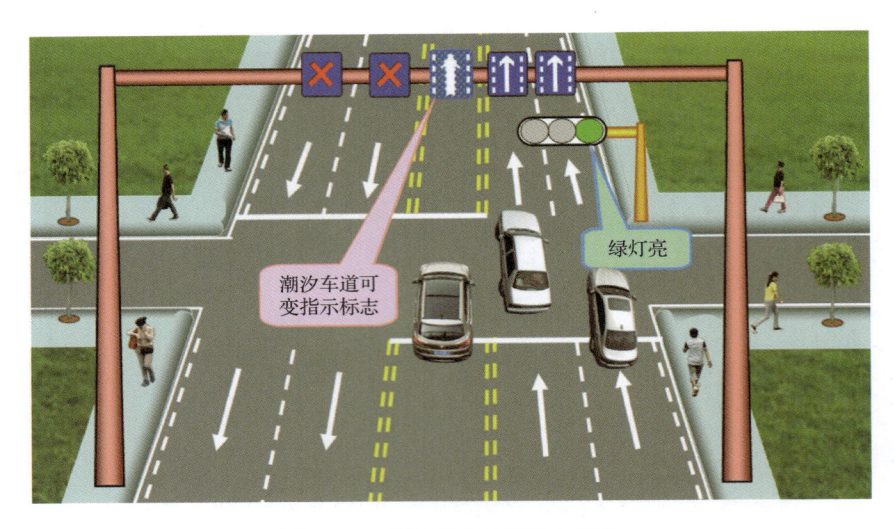

图8-15 绿灯亮时方可进入路口

驾驶人要特别注意，与潮汐车道贯通的交叉路口可能有一些特殊的通行规定。

如图8-16所示，为了便于潮汐车道的设置，转弯和掉头的车道被施划在道路右侧，在这样的路口，需要左转或掉头的车辆要事先进入右侧车道，只有在交通信号灯为红灯时，才能进入路口通行。

图8-16 左转和掉头车道在道路右侧

4. 车行道边缘线

机动车道与非机动车道之间施划的交通标线称为车行道边缘线，简称"机非分界线"。

如图8-17所示，当车行道边缘线为白色实线时，不允许机动车进入右侧非机动车道，也不允许非机动车进入左侧机动车道。

图8-17　车行道边缘白色实线

如图 8-18 所示，当车行道边缘线为白色虚线时，允许车辆临时越线行驶，但越线行驶的车辆应该避让正常通行的车辆和行人。

图8-18　车行道边缘白色虚线

如图 8-19 所示，当车行道边缘线为白色虚实线时，虚线一侧的车辆可以越线行驶，以便引导车辆靠边停车和驶离停车地点。白色虚实线施划在公交站点和允许路边停车的路段。

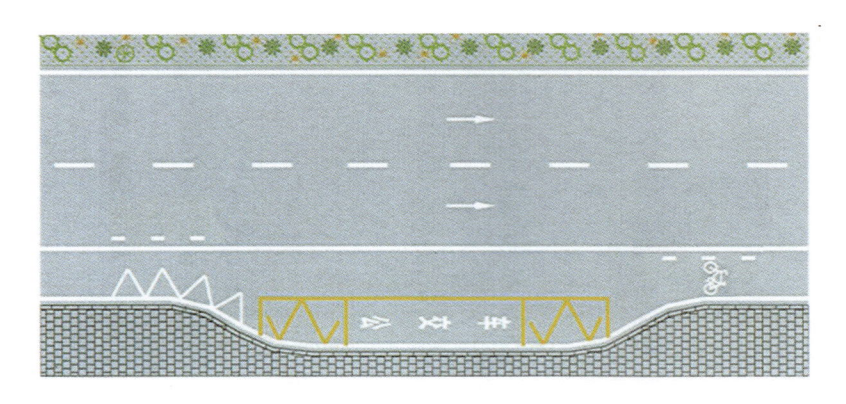

图8-19　车行道边缘白色虚实线

如图 8-20 所示，当两侧为通行方向相反的非机动车道、中间为一条机动车的单行道时，机动车道左侧的车行道边缘线为黄色单实线，用于分隔对向行驶的机动车和非机动车；

机动车道右侧的车行道边缘线为白色单实线,用于分隔同向行驶的机动车和非机动车。

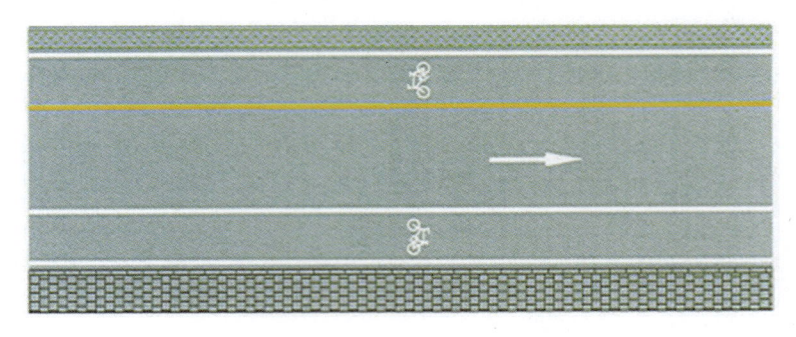

图8-20　黄色和白色单实线车行道边缘线

5. 左弯待转区线

如图8-21、图8-22所示,左转车道前方的白色虚线为左弯待转区线,用于提供左转弯车辆的待转区域。当左转车道右侧的直行车道为绿灯时,左转弯车辆应该进入待转区,直行时段结束后,不允许车辆在待转区内停留。

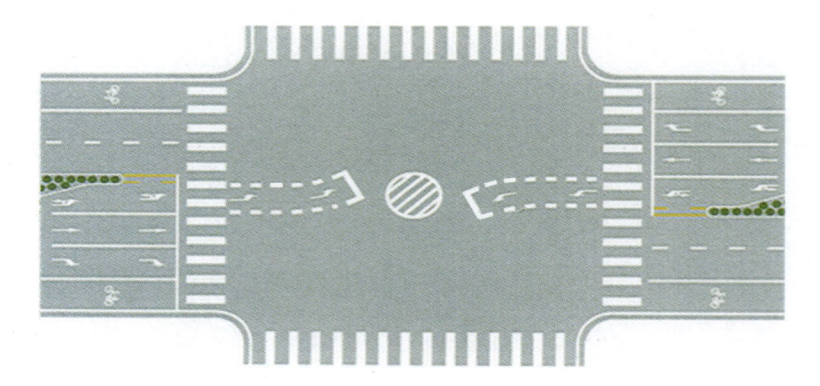

图8-21　有中心圈的左弯待转区线

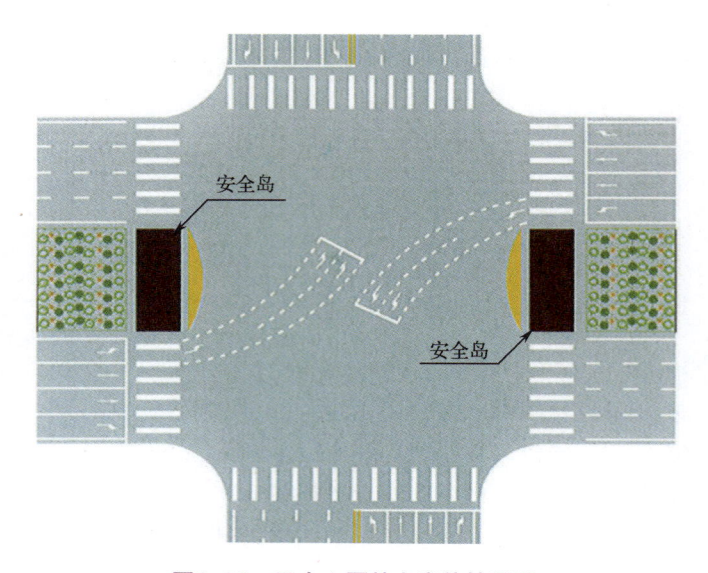

图8-22　无中心圈的左弯待转区线

特别提示

如何通过有左弯待转区的路口

在左转车道前方施划左弯待转区标线，让左转弯机动车等候放行信号的位置适当向前移，可以提高路口的通行效率。

如图8-23所示，如果是在直行时段，左转弯的车辆就应该直接进入左弯待转区。

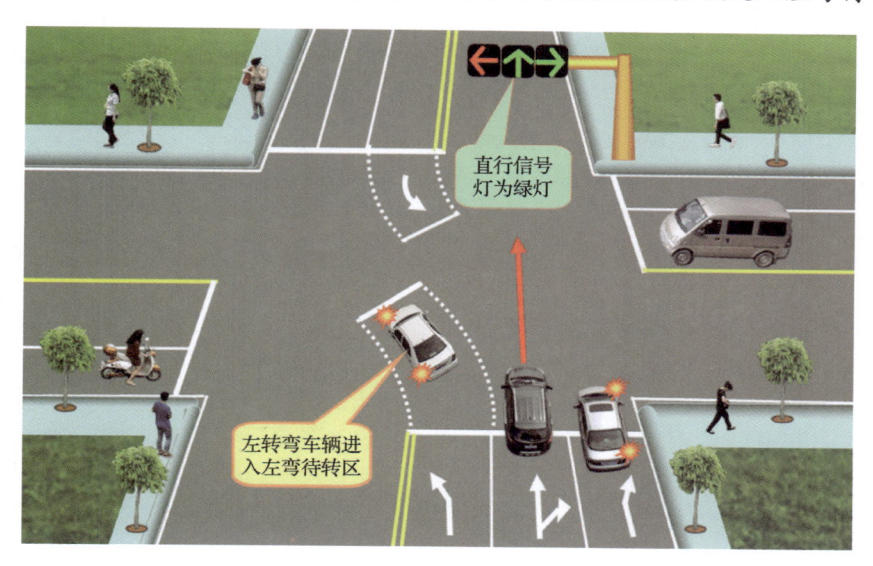

图8-23　直行时段进入左弯待转区

如图8-24所示，在左转弯信号灯为绿色时，左弯待转区内的车辆可以在路口左转弯。

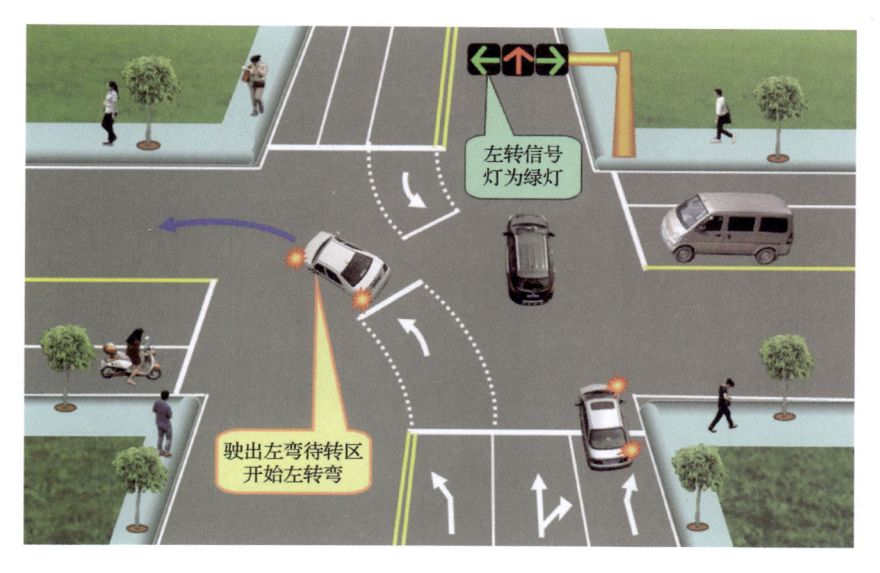

图8-24　左转弯绿灯亮时才能左转弯

左转弯时段终止，禁止车辆在左弯待转区内停留。如图8-25所示，如果直行信号灯、左转信号灯均为红灯，车辆就应该在左转弯导向车道内等候放行信号。

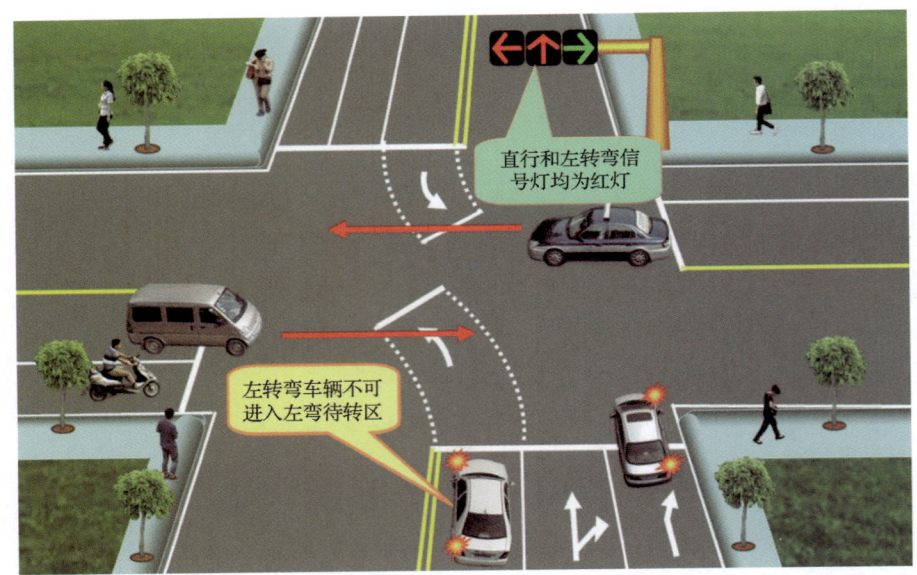

图8-25　在左转弯车道停车等候

6. 直行待行区线

近年来，在有些城市道路出现了直行待行区线，在直行车道的前方设置了直行车辆的等候区域，如图8-26所示。

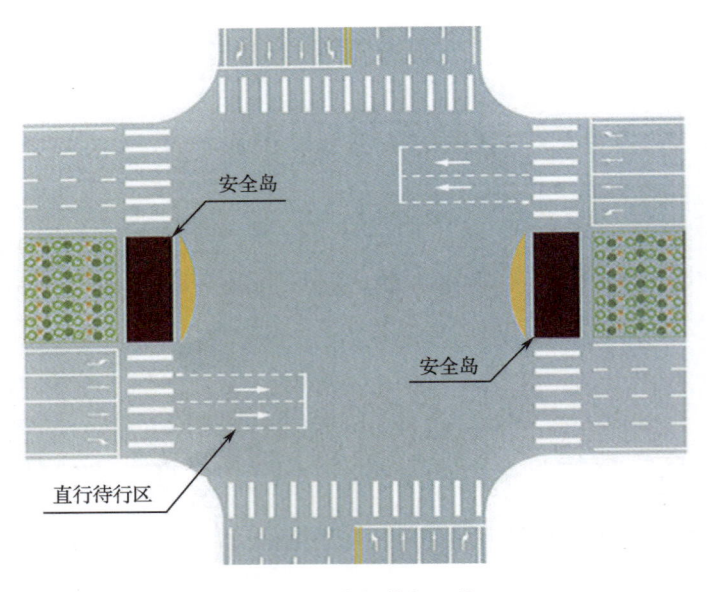

图8-26　直行待行区线

特别提示

如何通过有直行待行区的路口

在直行车道施划直行待行区线，让直行的机动车等候放行的位置适当向前推进，可以提高路口的通行效率。关于直行待行区的路口通行规定，各地有所不同。

（1）先直行后左转。

如图8-27所示，在交叉路口上方设置有LED显示屏。当直行车辆靠近交叉路口时，驾驶人要注意观察前方LED显示屏。如果显示屏上出现"禁止车辆停于待行区"的红色文字时，直行车辆应该在停止线之后停车。

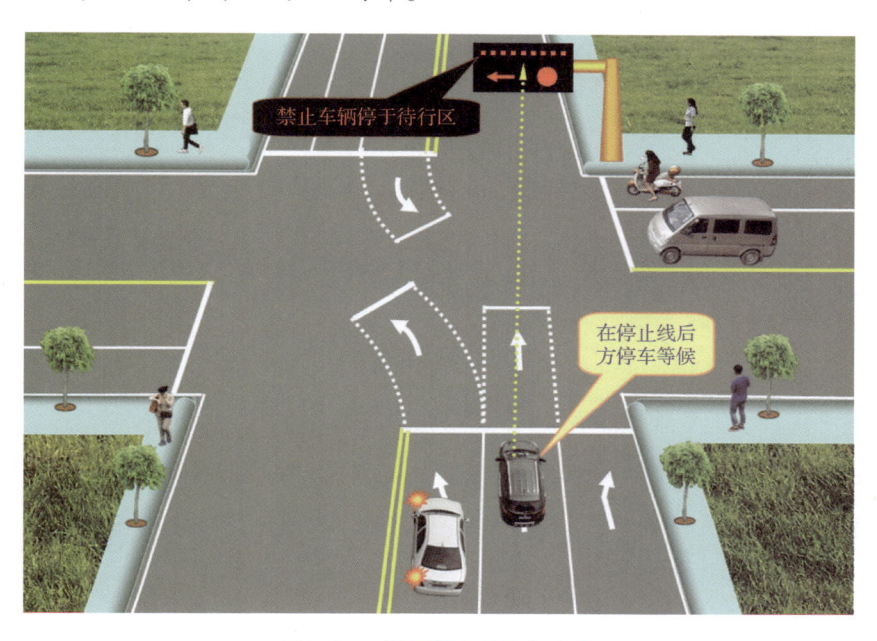

图8-27　显示屏上为红色文字

如图8-28所示，当显示屏上的红色文字消失，变为绿色文字"直行车辆进入待行区"时，直行车辆可越过停止线进入直行待行区。

图8-28　显示屏上变为绿色文字

如图 8-29 所示，当直行信号灯由红灯变为绿灯，显示屏上出现"左转车辆进入待转区"时，直行车辆可驶出直行待行区，直行通过交叉路口；左转弯车辆可越过停止线，进入左弯待转区。

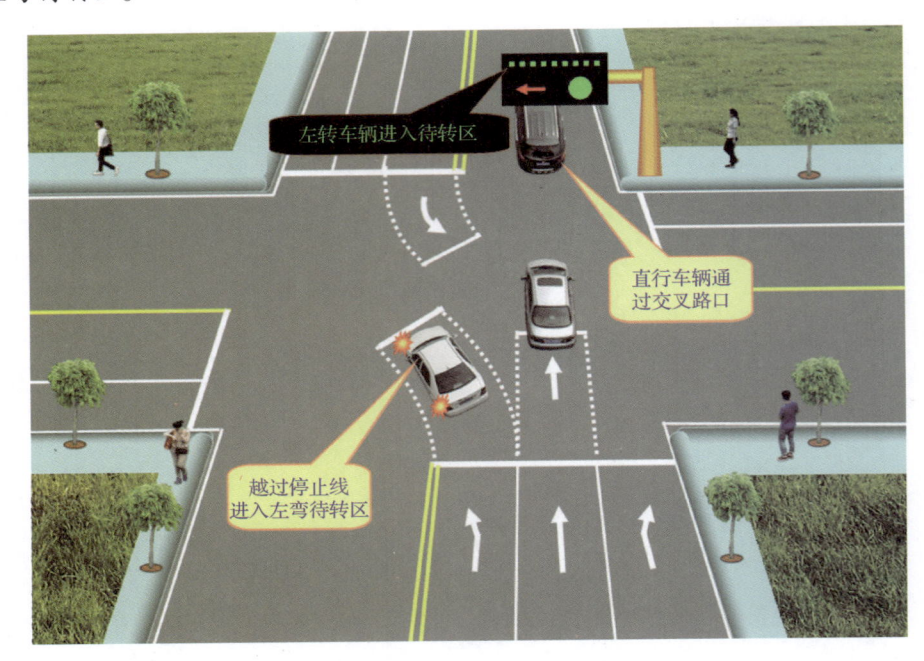

图8-29　直行信号灯为绿灯

如图 8-30 所示，当左转弯信号灯由红灯变为绿灯时，左弯待转区内的车辆可驶出左弯待转区，左转弯通过交叉路口。

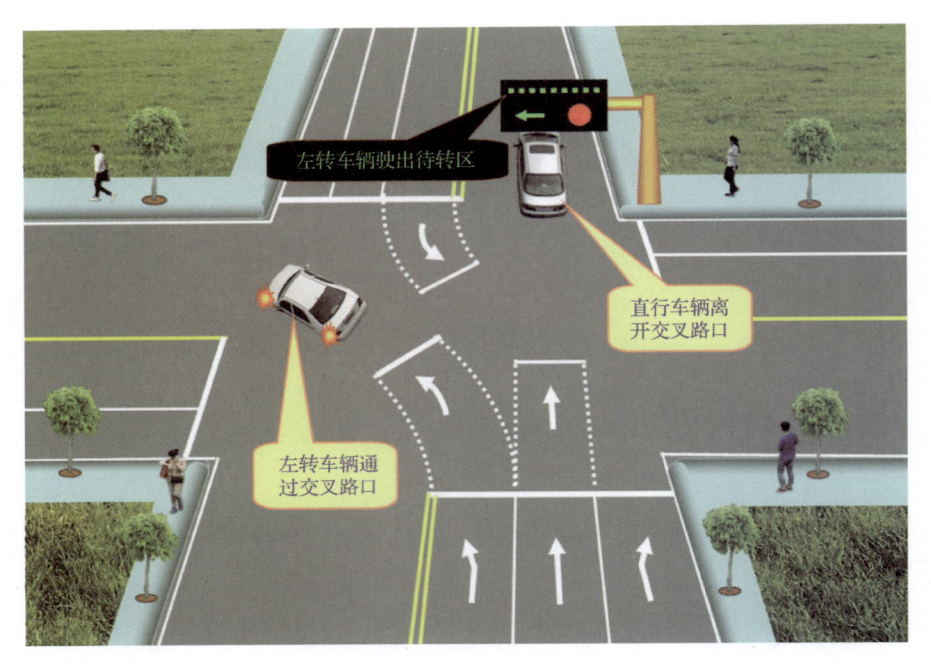

图8-30　左转弯信号灯为绿灯

（2）先左转后直行。

如图 8-31 所示，当交叉路口直行车道前方施划有直行待行区时，如果直行信号灯为绿灯，直行车辆就可以直接通过路口；如果直行信号灯由绿灯变为红灯，直行车辆仍未驶出直行待行区，应该继续向前行驶，不应该在直行待行区内停留。

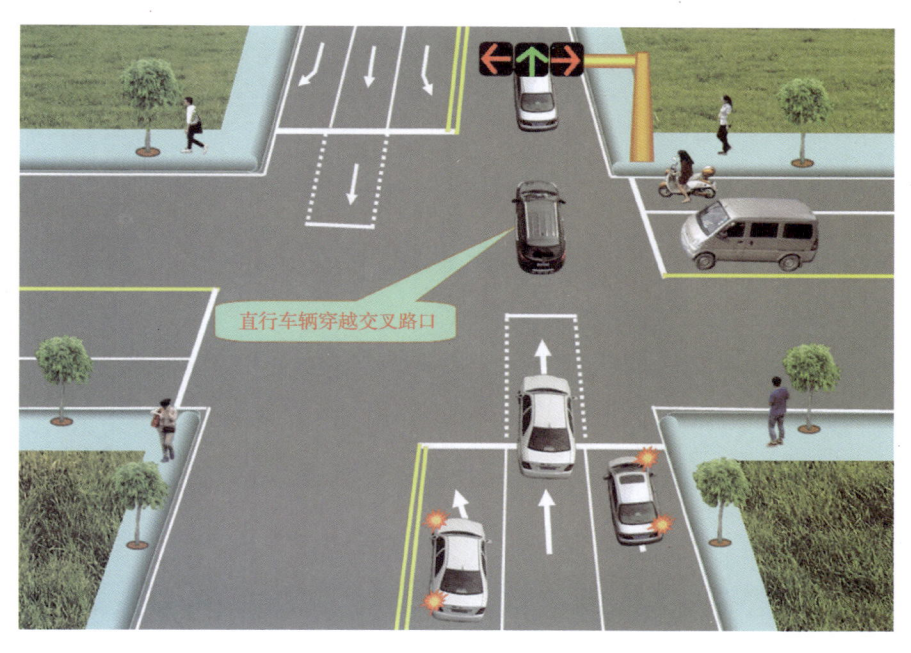

图8-31　直行车辆直接通过路口

如图 8-32 所示，如果左转弯信号灯、直行信号灯均为红灯，左转弯车辆和直行车辆都应该在各自的导向车道内停车等候。此时，直行车辆驾驶人要注意观察左转弯信号灯。

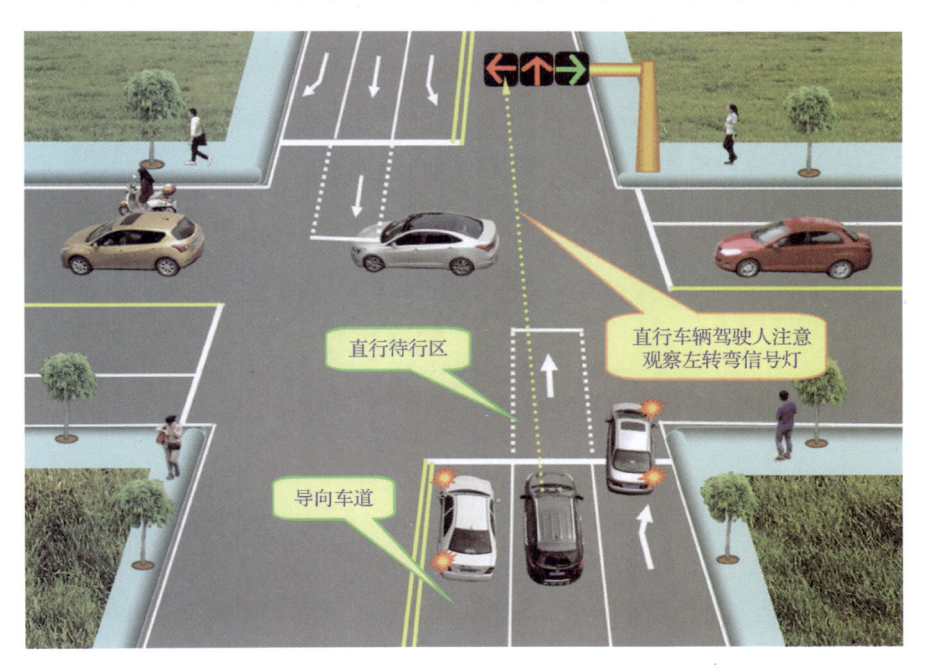

图8-32　左转和直行均为红灯

如图8-33所示,当左转弯信号灯由红灯变为绿灯时,左转弯车辆应该越过停止线驶入路口左转弯;与此同时,直行车辆应该越过停止线驶入直行待行区。

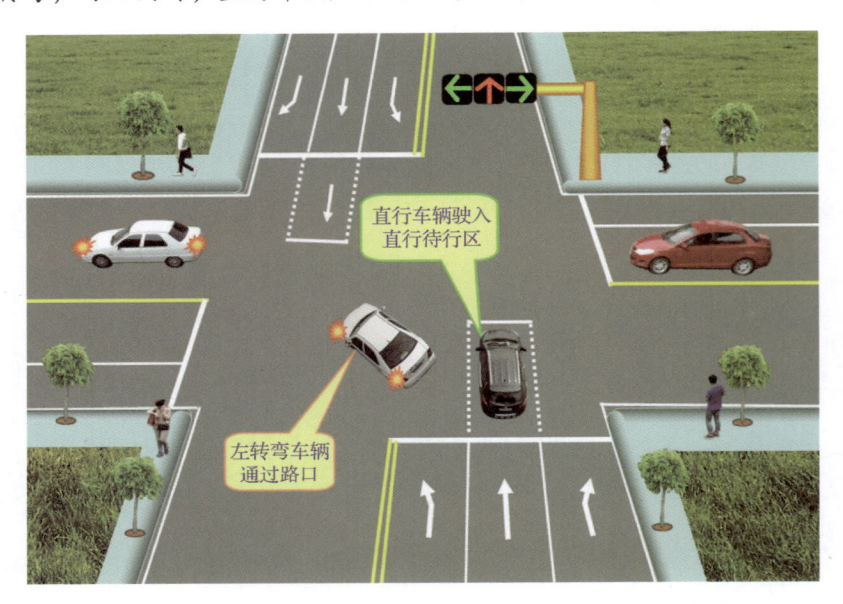

图8-33　直行车辆驶入直行待行区

如图8-34所示,当直行信号灯由红灯变为绿灯时,直行车辆可驶出直行待行区,直行通过交叉路口。

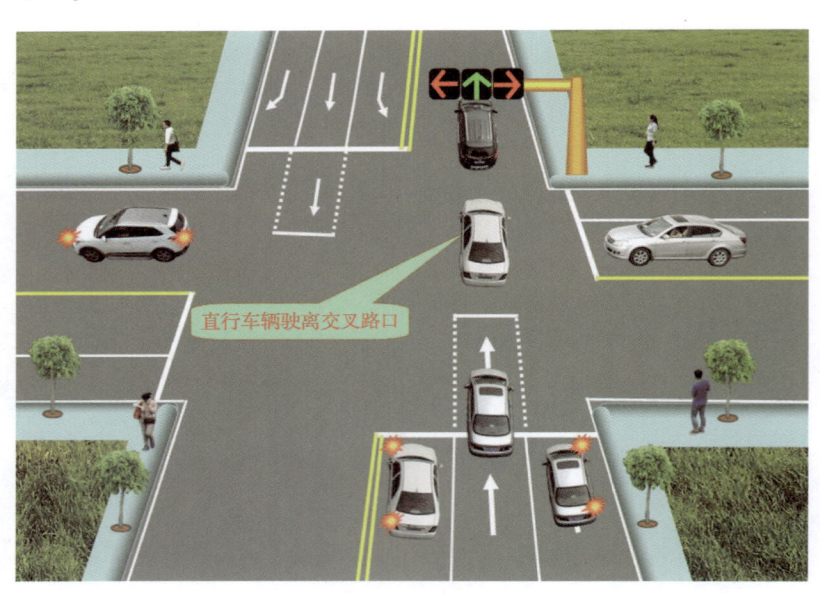

图8-34　直行车辆驶离交叉路口

7. 右弯待转区线

如图8-35所示,为了提高右转弯车辆在交叉路口的通行效率,有些城市在右转弯导向车道的前方施划了右弯待转区线。

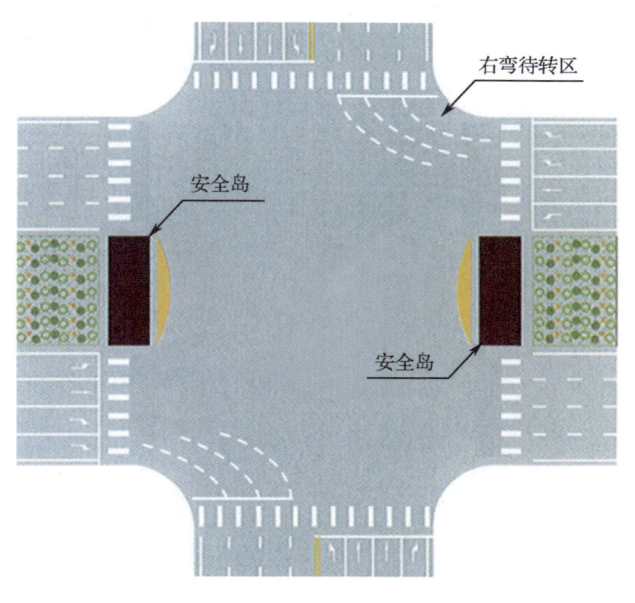

图8-35 右弯待转区线

特别提示

如何通过右弯待转区的路口

在右转弯车辆交通流量特别大的路口，可以开辟右弯待转区，这是解决右转弯车辆通行缓慢的有效措施。

如图8-36所示，当直行信号灯为绿灯时，右转弯车辆可以越过停止线，驶入右弯待转区。

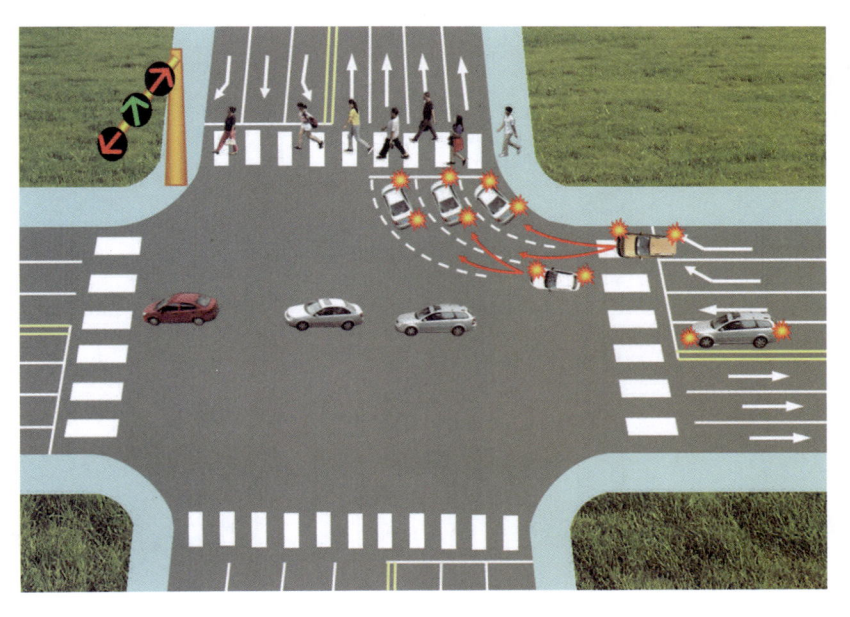

图8-36 右转弯车辆驶入右弯待转区

如图8-37所示,当右转弯信号灯由红灯变为绿灯时,右弯待转区内的车辆可驶出右弯待转区,右转弯离开交叉路口。

图8-37　右转弯车辆通过路口

如图8-38所示,当右转弯信号灯由绿灯变为红灯时,右转弯车辆不得在右弯待转区内停留;没有进入右弯待转区的车辆,只能在导向车道内等候,不得进入右弯待转区。

图8-38　清空右弯待转区

8. 路口导向线

在面积大、形状不规则的平面交叉路口，可以设置路口导向线，将左转弯车辆的入口车道与出口车道用虚线连接起来，以便引导左转弯车辆的行驶轨迹，让通过路口的车流更加顺畅。

图 8-39 所示为白色虚线路口导向线，左转弯的机动车在导向线的左侧通行，左转弯的非机动车在导向线的右侧通行。这样可以缩短左转弯机动车在路口的行驶距离，同时还可以实现机动车和非机动车在路口内的分离，如图 8-40 所示。[①]

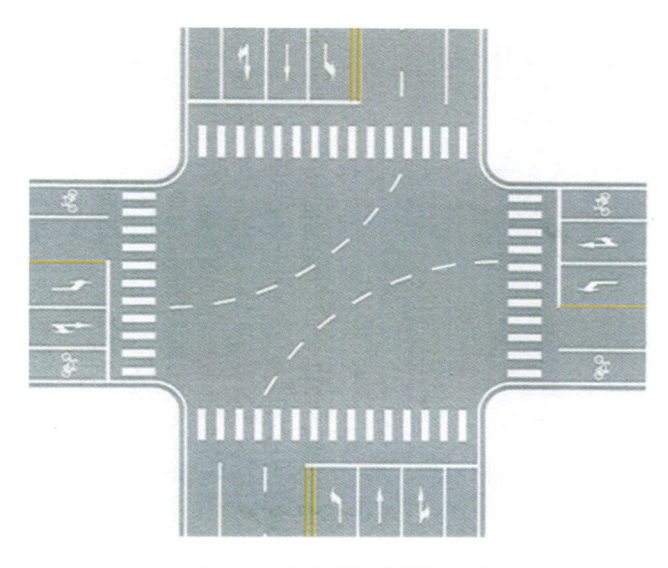

图8-39　白色虚线路口导向线

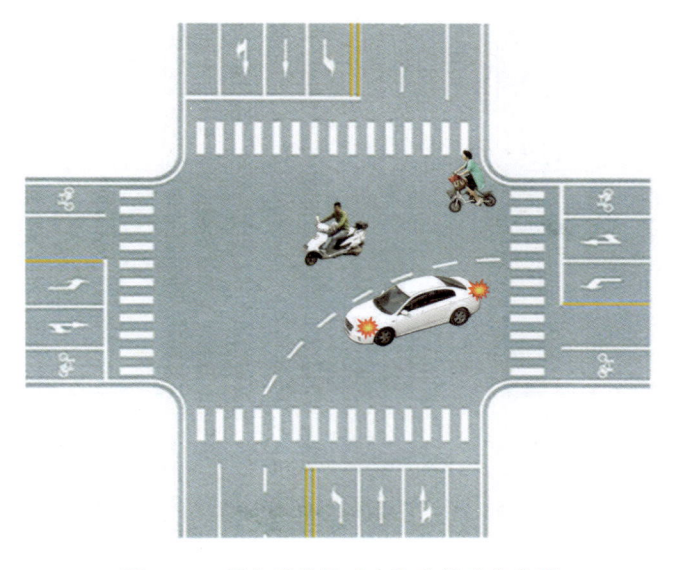

图8-40　导向线将机动车和非机动车分离

[①] 参见GB 5768.3—2009第4.7.3条。

如图 8-41 所示，按照常规，左转弯的机动车应该靠近路口中心转弯，但是，对于不规则的路口来讲，这将会增加左转弯车辆在路口内的行驶距离，延长左转弯车辆在路口内的通行时间。

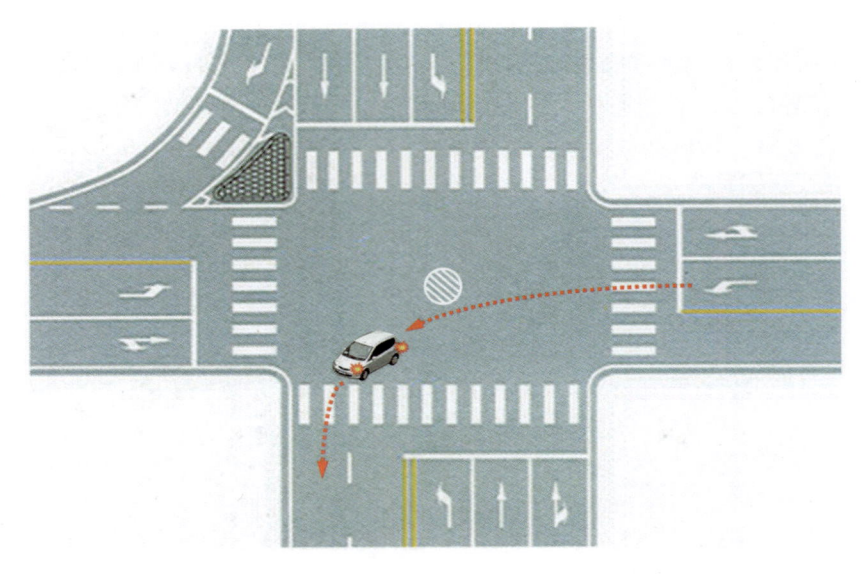

图8-41　不规则路口转大弯降低通行效率

如图 8-42 所示，将左转弯的入口车道与最近的出口车道用黄色虚线连接起来，可以引导左转弯的车辆走捷径，以缩短左转弯车辆通过路口的时间。

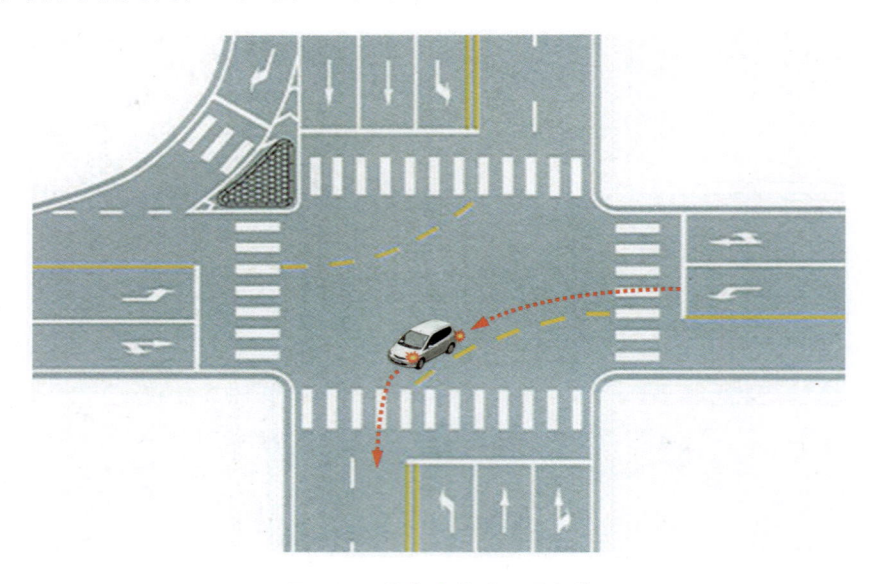

图8-42　黄色虚线路口导向线

9. 导向车道线

如图 8-43 所示，路段中的车道称为车行道，是利用白色虚线来施划的。车行道的车流是依据车辆的行驶速度来组合的，这样可以减少车辆的纵向运动干涉。靠向道路右侧的车道为慢车道，靠向道路中间的车道为快车道。靠近路口的车道称为导向车道，是利用白色实线来施划的。导向车道的车流是根据车辆在路口的行驶方向来组合的，这样可以减少车辆的横向运动干涉，提高交叉路口的通行效率。

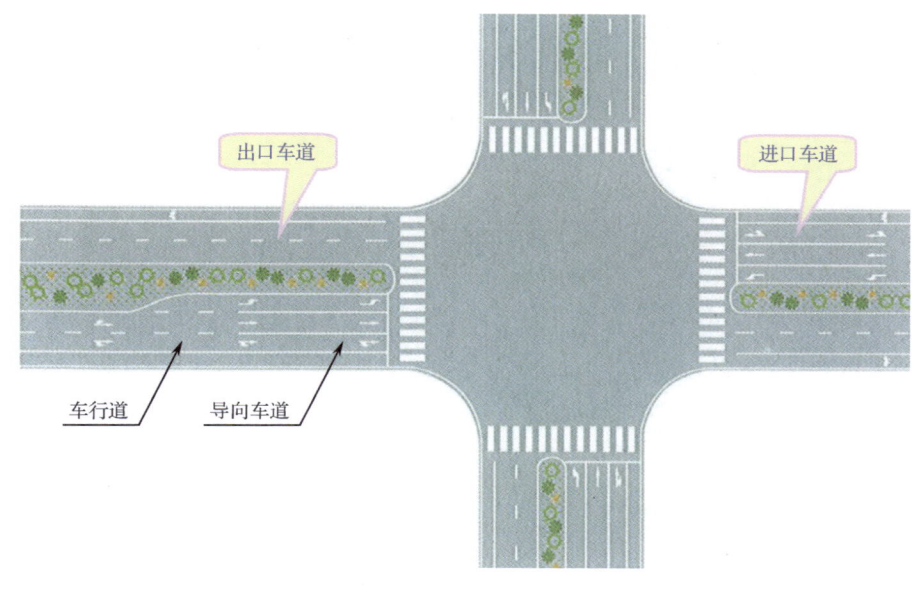

图8-43 导向车道线

特别提示

如何靠近有导向车道的路口

如图 8-44 所示，在靠近有导向车道的交叉路口 30～100 m 的距离时，要放松加速踏板，轻踩制动踏板，让车辆平稳减速。

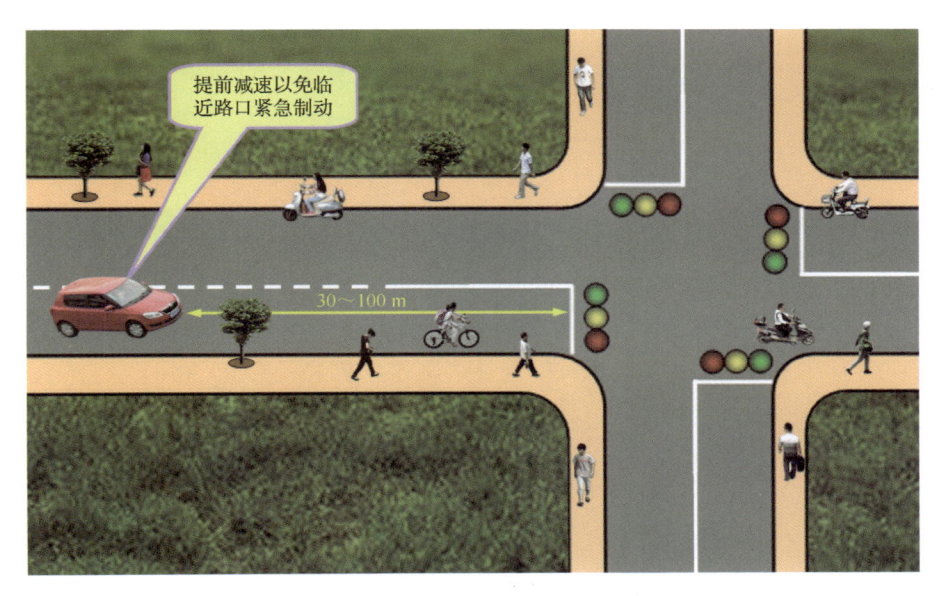

图8-44 提前减速

如图 8-45 所示，车辆行驶在同方向有两条以上机动车道的道路时，驾驶人要注意观察地面上施划的导向箭头标记、道路上方悬挂的车道行驶方向标志。

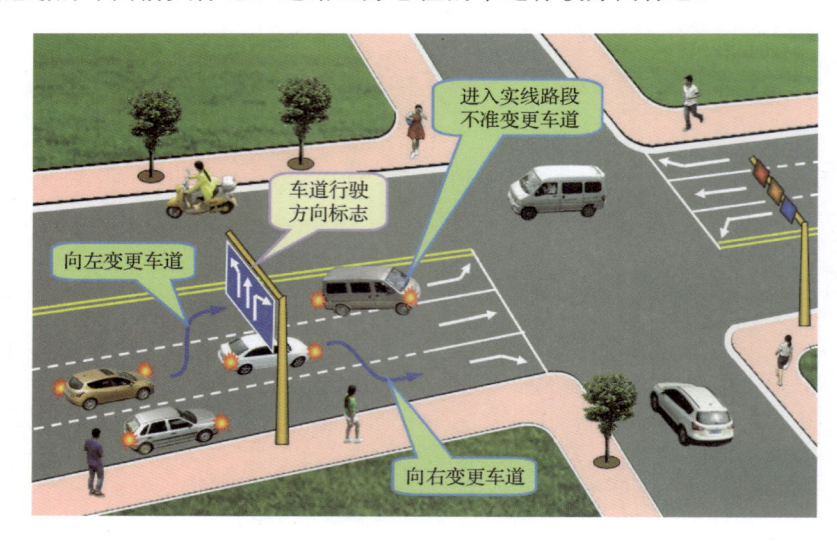

图8-45　选择需要的车道

10. 可变导向车道线

如图 8-46、图 8-47 所示，可变导向车道线的内侧施划有斜向折线，在可变导向车道内，车辆的通行方向可以变化。

图8-46　可变导向车道线

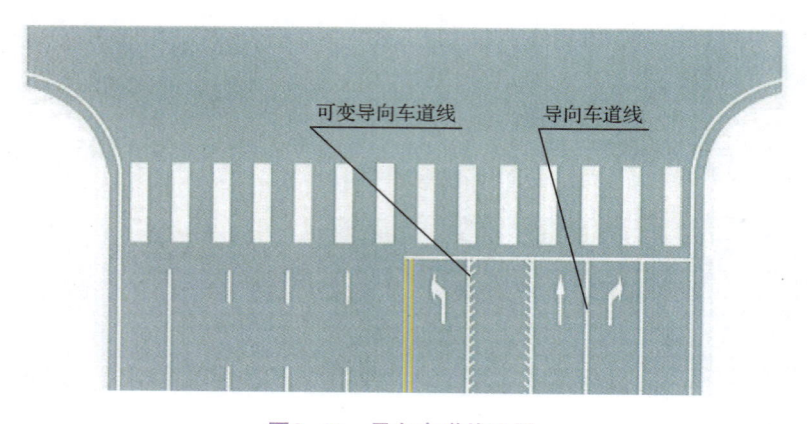

图8-47　导向车道线设置

如图 8-48 所示，为了提示车辆驾驶人道路前方设置有可变导向车道，在将要抵达可变导向车道的路段悬挂有指示标志。

图8-48　可变导向车道指示牌

如图 8-49 所示，锯齿状的两条白色线条构成的车道就是可变导向车道，可变导向车道内没有施划指示车辆行驶方向的箭头。[①]

图8-49　右数第三条车道为可变导向车道

如图 8-50 所示，道路上方悬挂的标志牌上蓝底白箭头的部位用于指示可变导向车道内车辆的行驶方向。图中的白色箭头可以按照预设，在规定的时间段内变为直行箭头或者左转弯箭头。

---

① 参见GB 5768.3—2009第4.8.5条。

图8-50　与白色箭头对应的为可变导向车道

特别提示

如何通过有可变导向车道的路口

可变导向车道的方向是随时间变化的。如图8-51示，从南向北有4条导向车道，在交通高峰期，如果直行车的流量大，就可以将可变车道设置为直行车道。

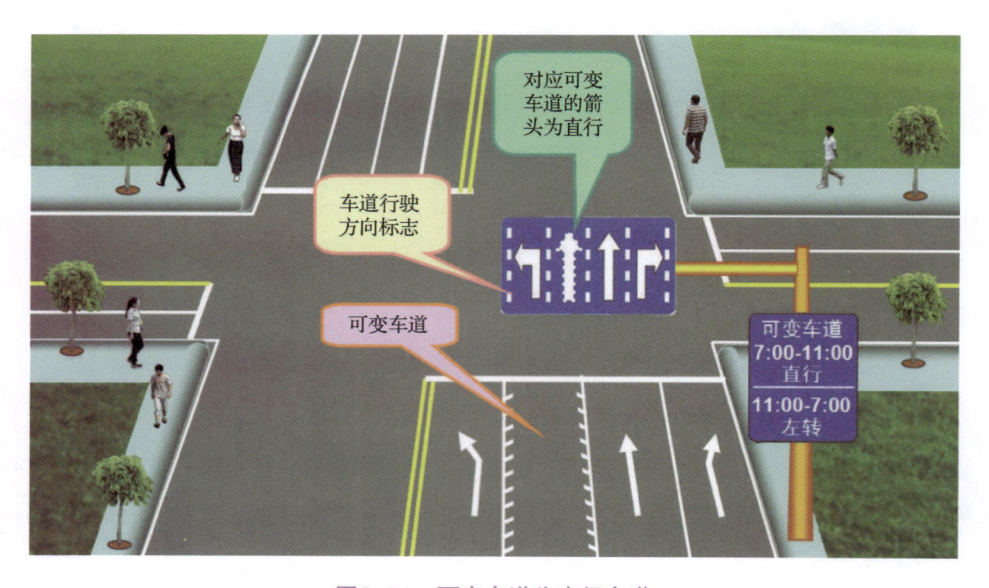

图8-51　可变车道为直行车道

如图 8-52 所示，在交通平峰时段，如果左转车的流量大，就可以将可变车道设置为左转车道。

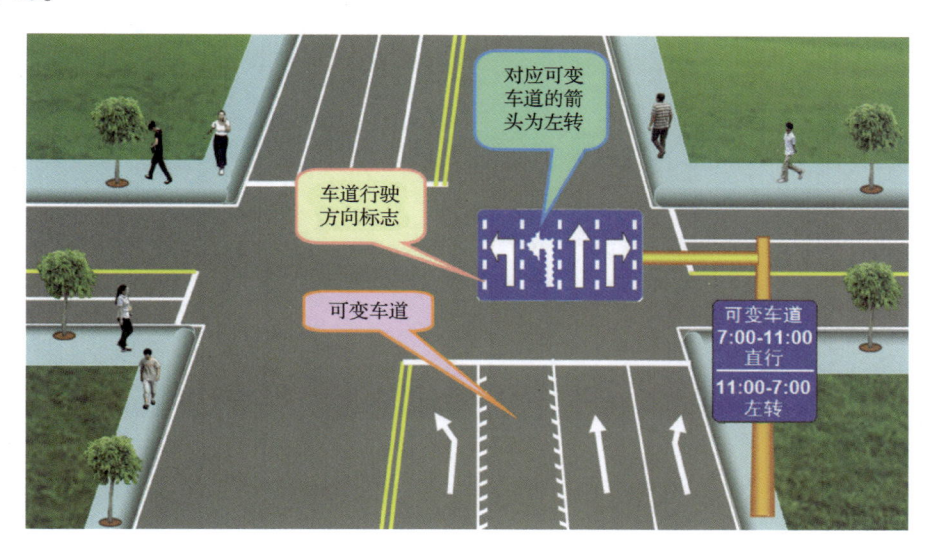

图8-52 可变车道为左转车道

可变导向车道的地面上没有施划箭头，该车道的方向是由道路上方的车道行驶方向标志规定的。与可变导向车道对应的车道行驶方向标志可以变换图案。因此，车辆驾驶人要根据道路上方的车道行驶方向标志显示的情况，来确定能否驶入可变导向车道。

当车辆驶入可变导向车道时，驾驶人还要注意观察前方路口的交通信号灯。如图 8-53 所示，只有在与可变导向车道对应的信号灯为绿灯时，可变导向车道内的车辆才能通过路口。

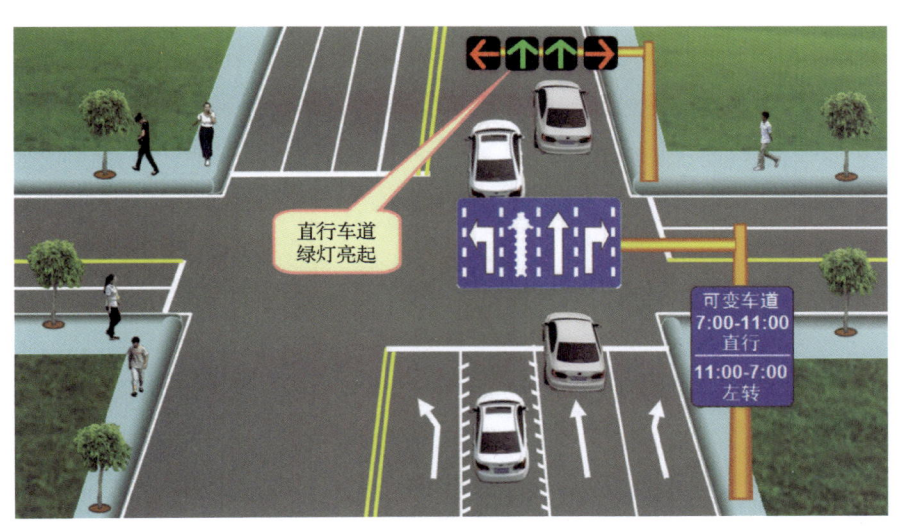

a. 直行车道绿灯亮起

图8-53 可变导向车道的信号灯为绿灯

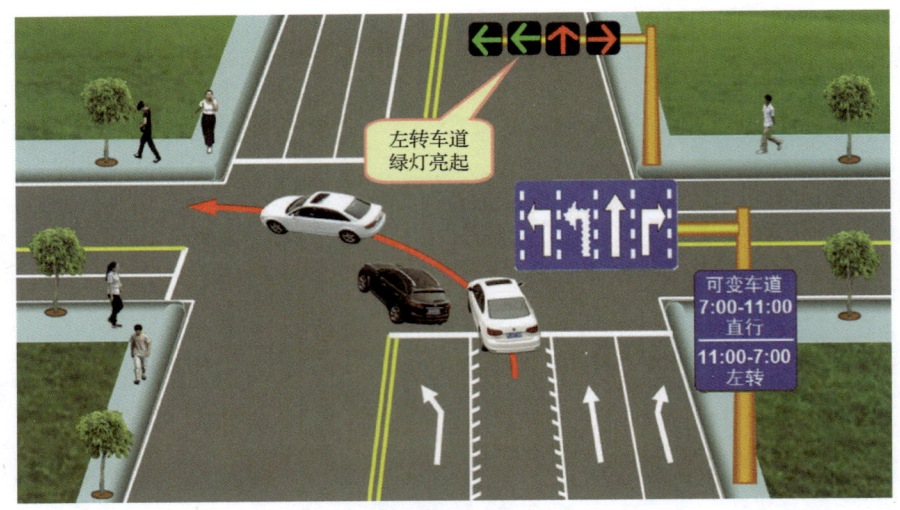

b. 左转车道绿灯亮起

图8-53 可变导向车道的信号灯为绿灯（续）

总之，在进入可变导向车道前，驾驶人要注意观察告示牌、可变指示标志和交通信号灯。

二、横向指示标线

1. 人行横道线

设置在交叉路口的人行横道线，如图8-54～图8-57所示。人行横道线俗称"斑马线"，为白色平行粗实线，一方面为行人横穿道路指引路径，另一方面提示机动车驾驶人注意减速，礼让人行横道内的行人和非机动车。

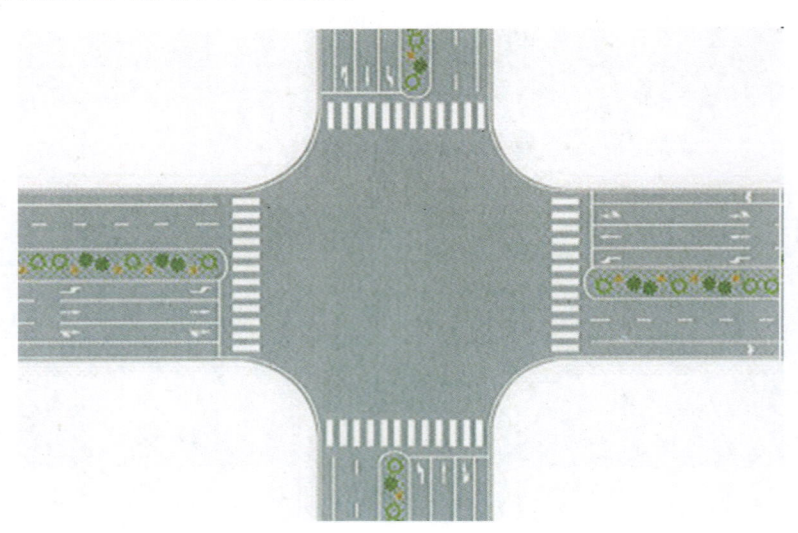

图8-54 规则路口的人行横道线

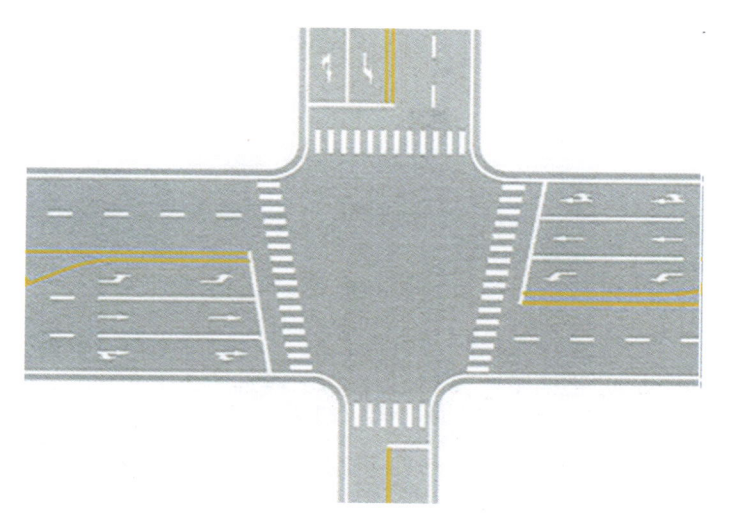

图8-55　不规则路口的人行横道线

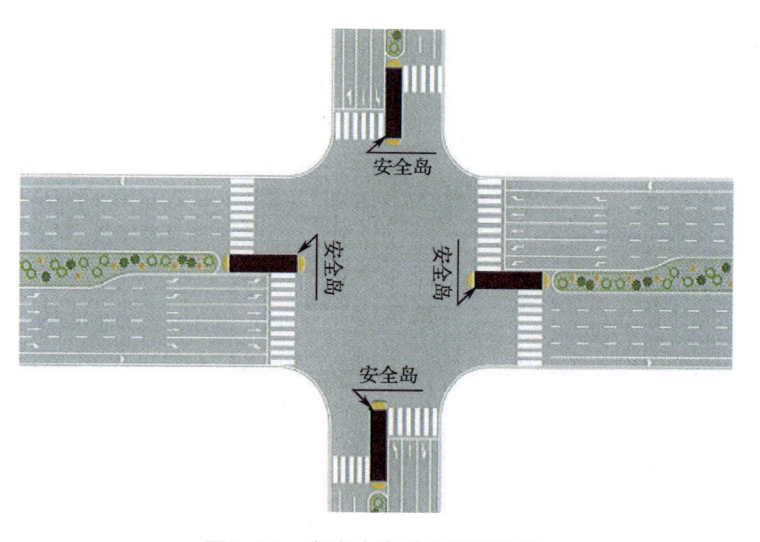

图8-56　有安全岛的人行横道线

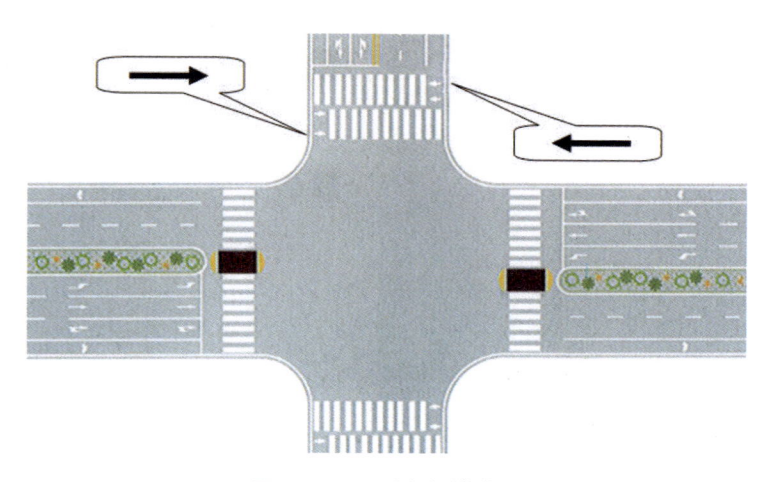

图8-57　双列人行横道线

人行横道线不仅出现在交叉路口，还会出现在一些路段中，如图 8-58 所示。

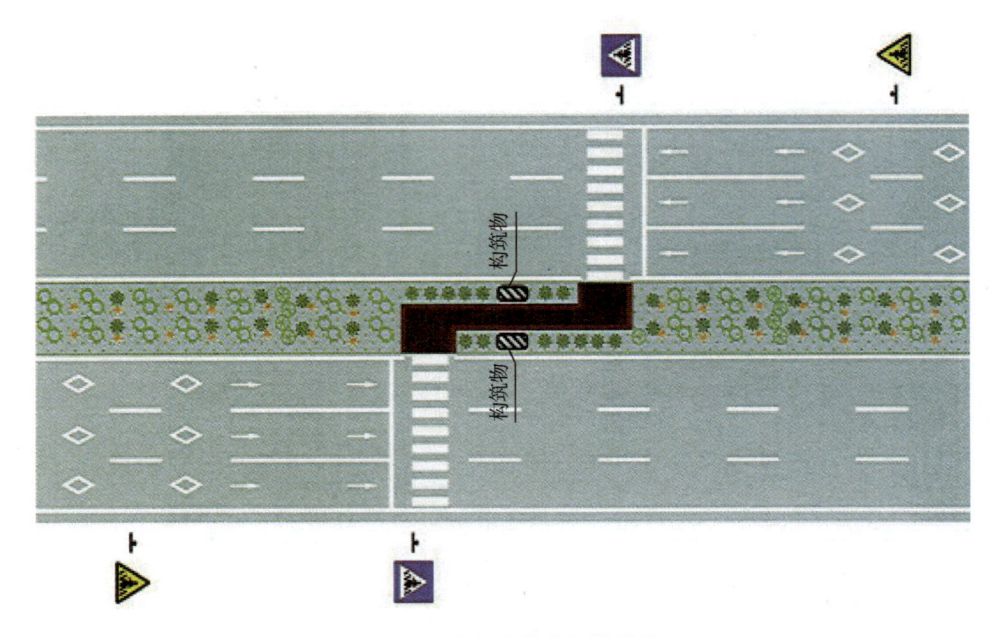

图8-58　路段中的人行横道线

与交叉路口处的人行横道线相比，路段中的人行横道线增添了人行横道预告标识，如图 8-59 所示。

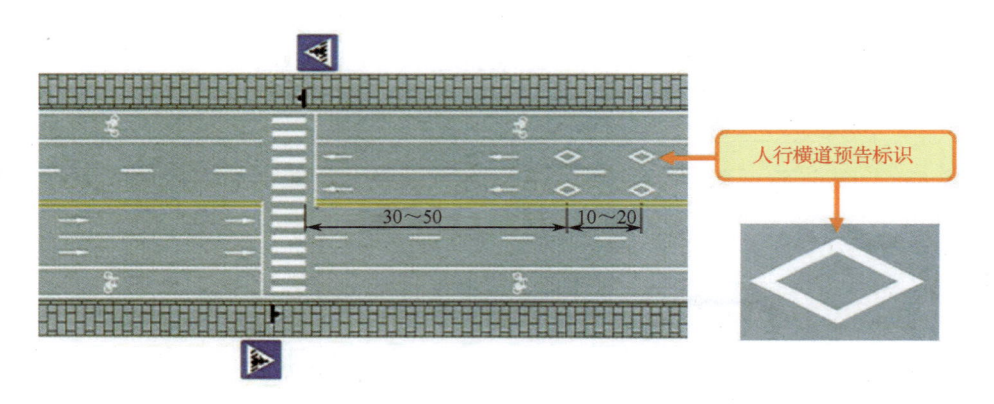

图8-59　人行横道预告标识（单位：m）

如图 8-60 所示，车辆行驶至人行横道预告标识处时，要降低车速，驾驶人要注意观察人行横道内有无行人。[1]

---

[1] 参见GB 5768.3—2009第4.9.4条。

图8-60　注意观察人行横道动态

2. 车距确认线

高速公路车辆行驶速度快，必须与前车保持足够的间距，才能防止追尾事故的发生。车辆在高速公路行驶，当车速超过 100 km/h 时，应该与前车保持 100 m 以上的跟车距离；当车速低于 100 km/h 时，与前车的跟车距离可以适当缩短，但最小间距不得少于 50 m。

为了便于驾驶人准确目测跟车距离，在高速公路的入口路段每隔 50 m 施划有车距确认线，如图 8-61 所示。车距确认线分为白色折线车距确认线、白色半圆状车距确认线两种类型。驾驶人可利用这些标线作为参照物，来验证与前车的跟车距离。

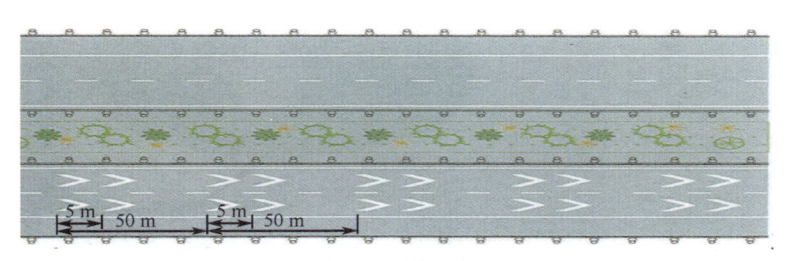

a. 白色折线车距确认线

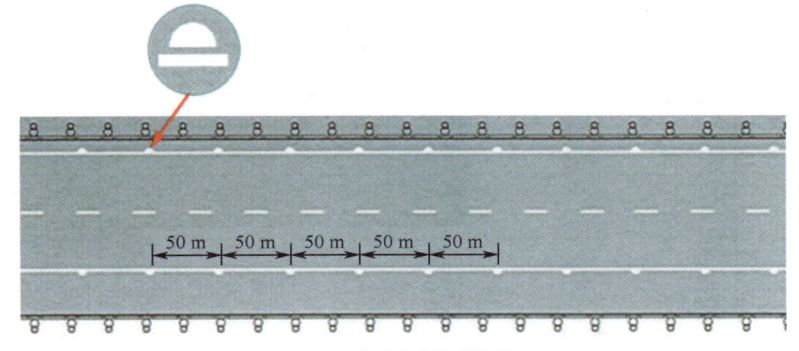

b. 白色半圆状车距确认线

图8-61　车距确认线

特别提示

如何判断行车间距

在交通拥挤的路段，车辆行驶缓慢，时走时停，跟车距离过小容易发生追尾事故，跟车距离过大会给加塞的车辆提供便利条件，影响自身的安全。为了准确控制跟车距离，可将挡风玻璃下缘作为参照物，判断车距的大小。

以普通三厢轿车为例，如图8-62所示，当车距为30 m时，车体在挡风玻璃的视窗中占据的面积很小。

图8-62　从远处看正前方的车

当车距较近时，看到的车体比较大。如图8-63所示，看到前车后轮胎下缘，车距为3～4 m。

图8-63　看到前车后轮胎下缘

如图8-64所示，看到前车后保险杠下缘，车距为2～3 m。

图8-64　看到前车后保险杠下缘

如图 8-65 所示，看到前车后保险杠上缘，车距为 1 m 左右。

图8-65　看到前车后保险杠上缘

三、其他指示标线

1. 道路入口标线

道路入口标线施划在普通道路与高速公路的交会处，为车辆平稳提速汇入高速车流提供安全通道，如图 8-66 所示。

a. 斜式入口标线

图8-66　道路入口标线

b. 平行式入口标线

图8-66　道路入口标线（续）

特别提示

如何驶入高速公路

如图8-67所示，车辆通过收费站之后，便由入口匝道进入加速车道。进入加速车道之后，车辆要开启左转向灯，迅速将车速提高到60 km/h以上，驾驶人要注意观察左侧的车行道有无来车。在不妨碍车行道内车辆正常行驶的情况下，车辆平滑地驶入车行道。

车辆不准未经提速就进入车行道，不准跨越加速车道与车行道之间的实线直接进入车行道。

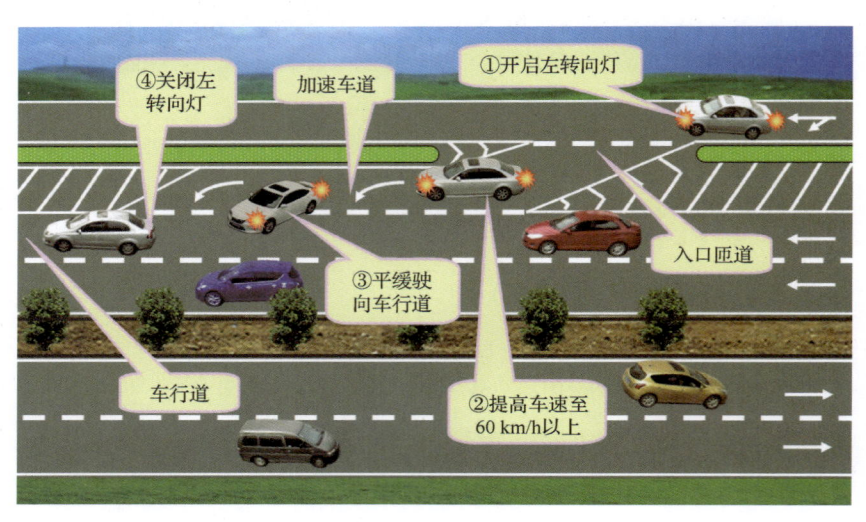

图8-67　车辆驶入车行道

2. 道路出口标线

道路出口标线施划在高速公路与普通道路的交会处，为车辆平稳减速，以便通过高速公路收费站提供安全通道，如图8-68所示。

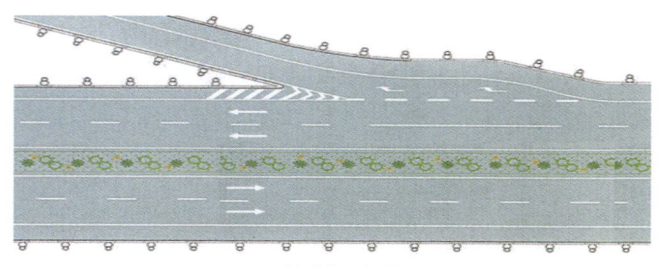

a. 斜式出口标线

b. 平行式出口标线

图8-68　道路出口标线

特别提示

如何驶离高速公路

如图8-69所示，为了让驾驶人了解高速公路的出口信息，以便提前做好驶离高速公路的思想准备，在距高速公路出口2 km的地点就开始设置出口预告标志。如果车辆准备在前方出口驶离高速公路，见到此标志就应该在右侧的车行道内行驶，在随后的时间内就不要再超车了，否则很可能错过前方的出口。在距出口500 m处，车辆应该开启右转向灯，进入减速车道之后，平稳地将车速降低到60 km/h以下。

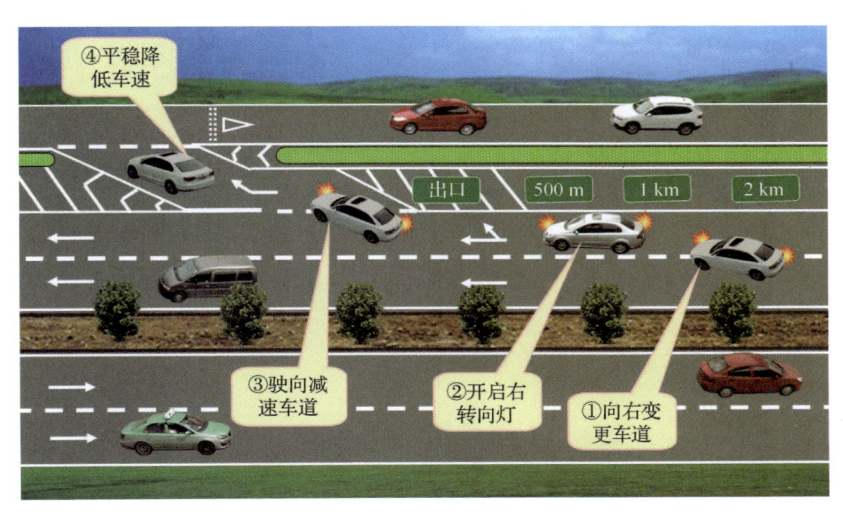

图8-69　车辆开启右转向灯驶离高速公路

3. 停车位标线

停车位标线施划在停车场或准许停车的地点，停车位标线包括机动车停车位标线、非机动车停车位标线，如图8-70～图8-75所示。机动车停车位标线分为平行式停车位标线、倾斜式停车位标线、垂直式停车位标线等形式。

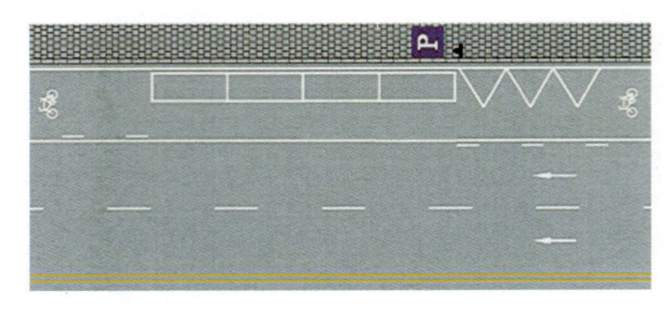

图8-70　平行式停车位标线

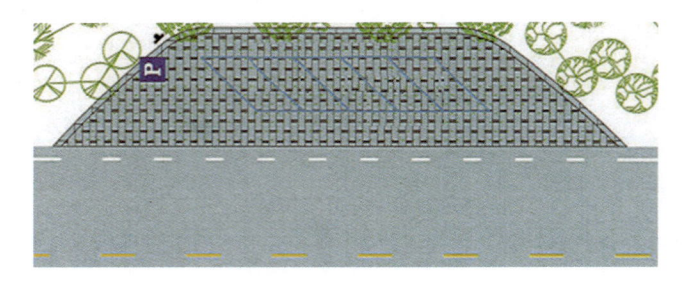

图8-71　倾斜式停车位标线

图8-72　垂直式停车位标线

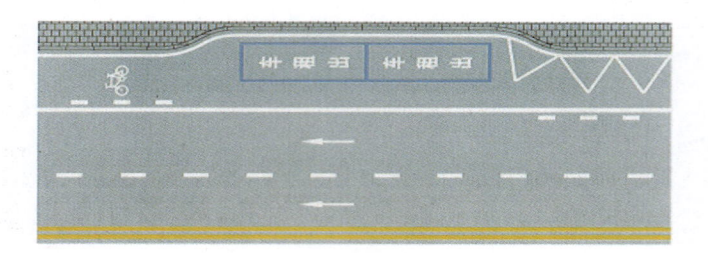

图8-73　出租车专用待客停车位标线

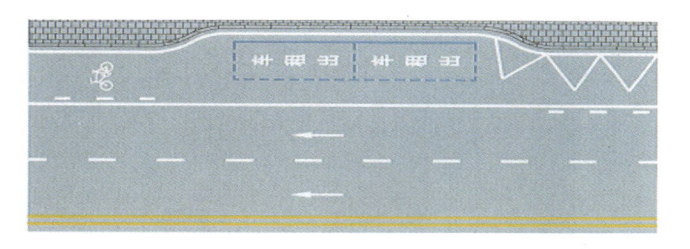

图8-74 出租车专用上下车停车位标线

图8-75 非机动车停车位标线

我们可以根据停车位标线的颜色来判别停车位的性质。停车位标线的颜色，白色为收费停车位，蓝色为免费停车位，黄色为专属停车位。[①]

许多城市存在停车位不足的情况，为了缓解停车难的问题，在一些城市道路上，沿街施划了免费停车位。图8-76所示为用蓝色标线沿街施划的免费停车位，为了防止因车辆停放阻塞交通，沿街施划的免费停车位仅允许夜间停车，停车时要按照顺行方向将车辆停放在道路右侧。驾驶人一定要注意这些细节，不要因为违规停车让爱车被贴上罚单或被拖走。

图8-76 夜间限时停车位

---

① 参见GB 5768.3—2009第4.12.3条。

特别提示

注意停车位的停车方向

在停车位停车，尤其在市区道路两侧的停车位停车，不仅要遵守限时段停车的规定，还要注意观察停车位有没有对停车方向的规定。违反了停车位停车方向的规定，当心招来违规停车的罚单。

如图8-77所示，白色轿车、红色轿车和银灰色面包车停在路边的停车位。这三辆车均在标定的区域内停车，不存在停车压线和越线的情况。然而，白色轿车和银灰色面包车安然无事，红色轿车却被贴了罚单。

图8-77 沿路停车

为什么在同一地点停车，白色轿车、银灰色面包车安然无事，红色轿车却被贴了罚单呢？这是因为红色轿车违反了该地点交通标线关于停车方向的规定，如图8-78所示。

图8-78 标定有停车方向的停车位

4. 停靠站标线

停靠站标线主要用于引导公交车、校车停靠站的路线和地点。

（1）港湾式停靠站标线。

用白色实线施划的港湾式停靠站标线，如图 8-79 所示。

a. 港湾式停靠站标线

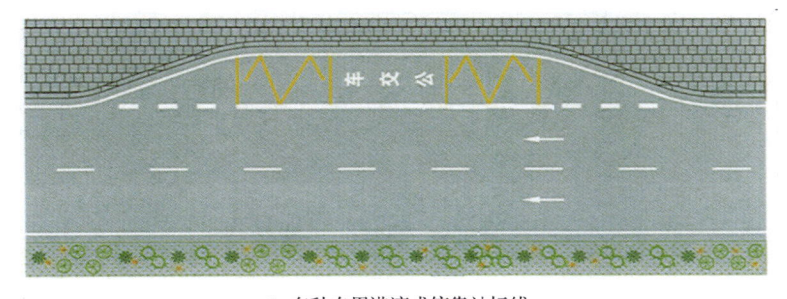

b. 车种专用港湾式停靠站标线

图8-79　用白色实线施划的港湾式停靠站标线

利用导流线施划的港湾式停靠站标线，如图 8-80 所示。

a. 港湾式停靠站标线

b. 车种专用港湾式停靠站标线

图8-80　利用导流线施划的港湾式停靠站标线

（2）路边式停靠站标线。

如图 8-81 所示，在公交车客流量比较小的路段、因路面宽度所限或者用于校车停靠时，可以施划路边式停靠站标线。

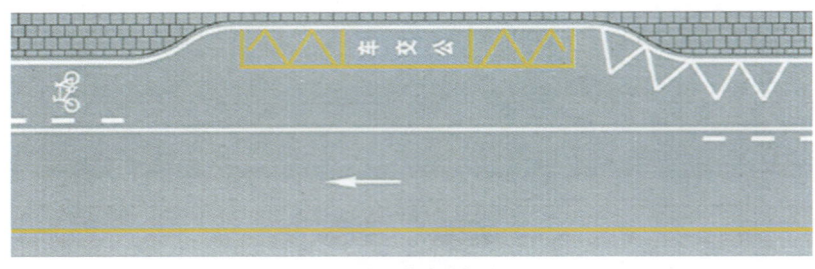

a. 公交车停靠站标线

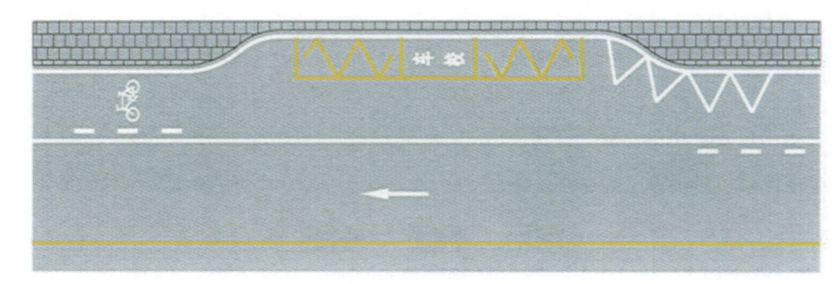

b. 校车停靠站标线

图8-81　路边式停靠站标线

5. 减速丘标线

减速丘又称"缓冲带"，是安装在路面上的一种条状减速设施。减速丘黄黑相间的外表色彩便于引起驾驶人的注意，其材质多为橡胶，高出路面 6～10 cm，横跨在车行道上。车辆只有低速行驶才能平稳通过减速丘，所以减速丘可以起到强制车辆降低车速的作用。减速丘一般安装在容易发生交通事故和需要车辆低速慢行的路段，如图 8-82 所示。

a. 地下停车场进出口处的减速丘

图8-82　减速丘的设置

b. 地下停车场过道的减速丘

c. 靠近收费岛的减速丘

图8-82 减速丘的设置（续）

从数量方面来讲，电动自行车现在已经超过了人力自行车。电动自行车比人力自行车的速度快，危险性大；在有些路段，非机动车与机动车还会合流交织。为了限制电动自行车的行驶速度，在非机动车与机动车频繁发生交通事故的路段，可以安装减速丘，如图8-83所示。

图8-83 非机动车道的减速丘

车辆通过突起的减速丘时会产生颠簸,所以需要在减速丘的来车方向施划减速丘标线,以便提示车辆驾驶人提前减速,如图8-84所示。

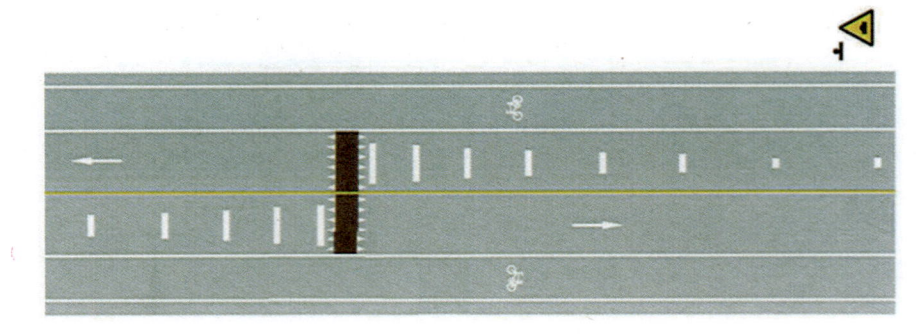

图8-84 减速丘标线与减速丘标志

6. 导向箭头

导向箭头用于引导车辆的行驶方向,如图8-85所示。

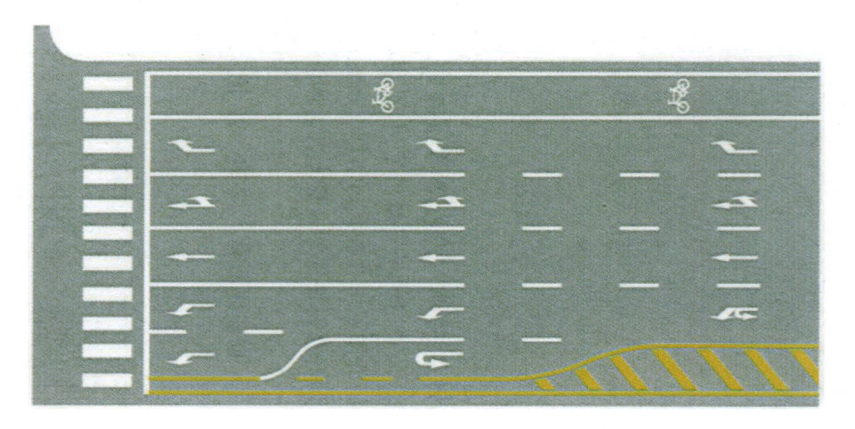

图8-85 导向箭头应用示例

导向箭头的颜色为白色,导向箭头的基本形状及含义如表8-1所示。[①]

表8-1 导向箭头的基本形状及含义

导向箭头	含 义	导向箭头	含 义
	指示直行		指示前方可直行或掉头

---

① GB 5768.3—2009第4.15.3条。

续表

导向箭头	含义	导向箭头	含义
	指示前方可直行或左转		指示前方可左转或掉头
	指示前方左转		指示前方道路仅可左右转弯
	指示前方右转		指示前方道路有左弯或需向左合流
	指示前方可直行或右转		指示前方道路有右弯或需向右合流
	指示前方掉头		

7. 路面文字标记

路面文字标记是指施划或喷涂在路面上的用于指示或限制车辆交通行为的交通指令。

如图 8-86 所示，路面上的黄色数字表示该路段的最高限速，白色数字表示该路段的最低限速。图中，靠向中央分隔带车道的限速为 100 ～ 120 km/h，右侧的车道限速为 80 ～ 100 km/h。

如图 8-87 所示，在交通情况复杂的事故易发地点，除了在道路右侧设置最高限速标志，还可以将最高限速标志直接施划在路面上，以便进一步引起车辆驾驶人的注意。

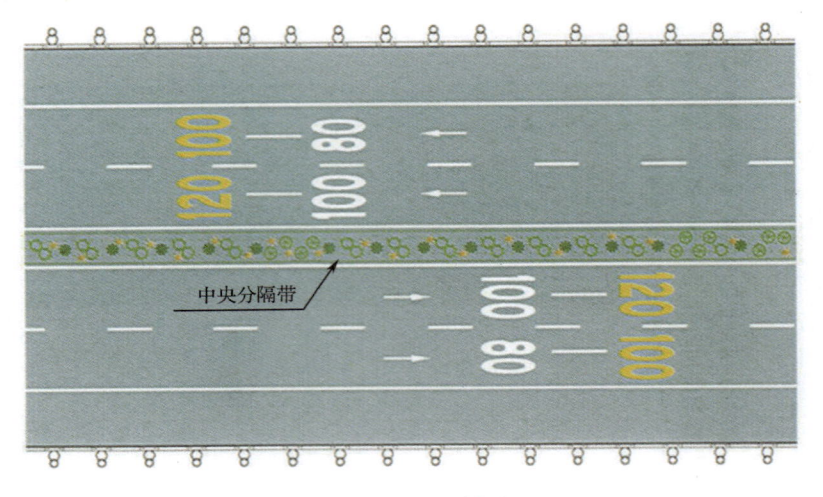

图8-86 路面限速标记一

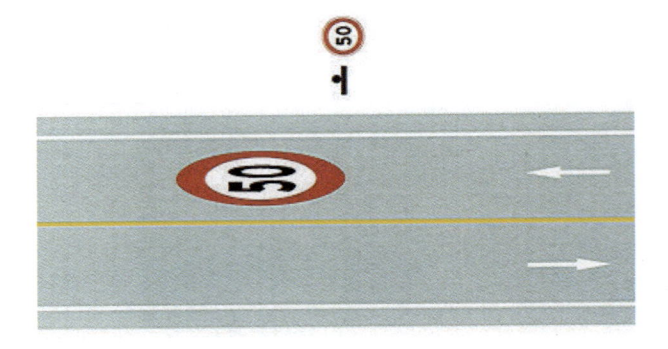

图8-87 路面限速标记二

8. 路面图形标记

如图 8-88 所示,在车道内施划的非机动车路面标记,表示车道供非机动车通行。[①]

图8-88 非机动车路面标记

---

① 参见GB 5768.3—2009第4.17.2条。

图 8-89 所示的白色实折线为注意前方路面状况标记,表示前方道路有不易发现的路面状况,车辆应该绕开锯齿状的白色实折线行驶。

图8-89　注意前方路面状况标记

第九章
禁止标线

一、纵向禁止标线

1. 禁止跨越对向车行道分界线

禁止跨越对向车行道分界线包括双黄实线、黄色虚实线和单黄实线三种类型，用于分隔对向行驶的车流。

（1）双黄实线。

双黄实线通常施划在同方向有两条或两条以上机动车道的道路上，如图9-1所示。车辆在行驶中不得碾压双黄实线，不得越过双黄实线超越前车。

图9-1 双黄实线

为了防止同一机动车道内的车辆相互超车，车道的宽度应该是车宽加横向安全间距，车宽的上限为 2.75 m，横向安全间距的上限为 1 m。因此，机动车道的宽度应控制在 3.75 m 之内。为了保证机动车道的宽度不超过规定值，可以增加双黄实线的间距，当双黄实线的间距超过 50 cm 时，在双黄实线之间施划黄色平行线，如图9-2所示。

图9-2 间距较大的黄色双实线

> **特别提示**

如何通过有双黄实线的道路

如图9-3所示，施划有双黄实线的道路通常是双向四车道或双向四车道以上的道路，以道路中心双实线或者中央分隔带为基准，左侧为快车道，右侧为慢车道。

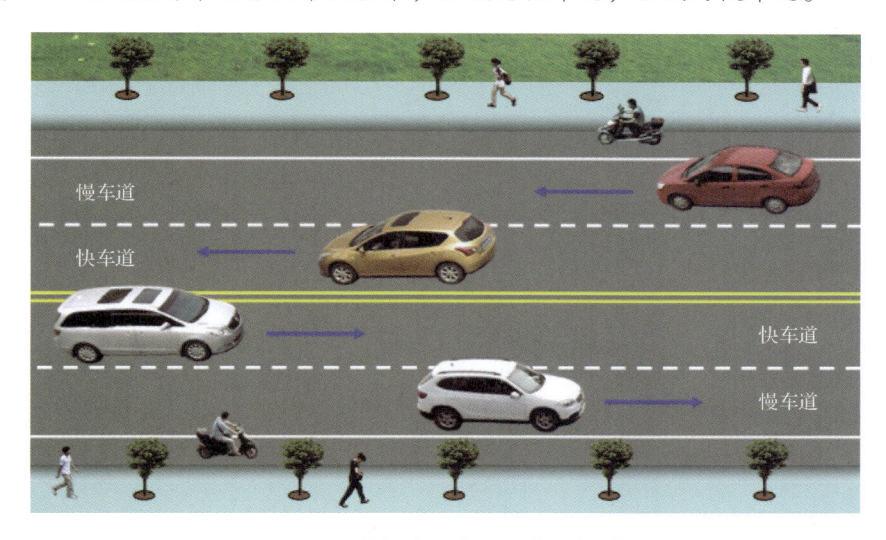

图9-3　车辆在双黄实线右侧行驶

如图9-4所示，慢车道内的车辆，可以利用快车道实施超车；变更车道的车辆，不得影响相邻车道内的车辆正常行驶。

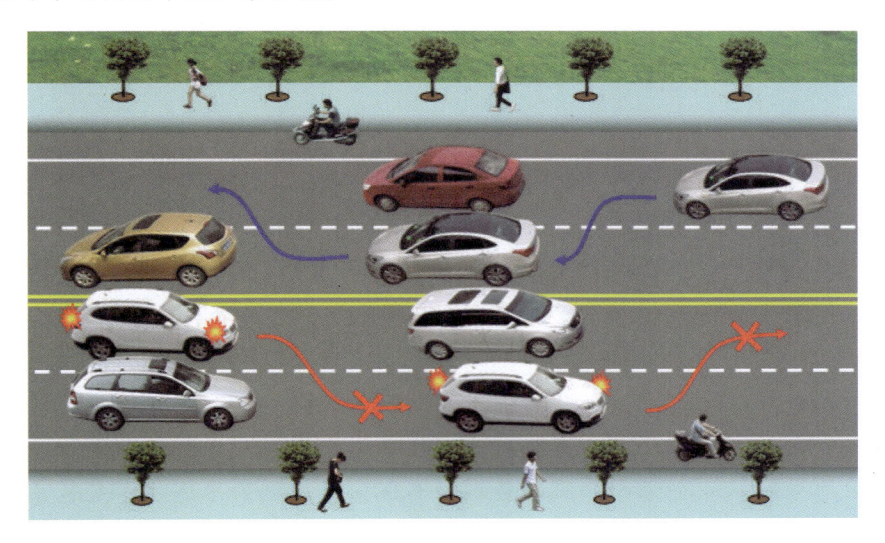

图9-4　变更车道不得影响相邻车道的车辆行驶

（2）黄色虚实线。

如图9-5所示，利用黄色虚实线分隔对向行驶的车流，黄色虚实线的实线一侧不允许车辆压线行驶，虚线一侧的车辆在确保安全的前提下可以短时间越线超车。

图9-5 黄色虚实线

特别提示

如何通过有黄色虚实线的道路

如图9-6所示，施划有黄色虚实线的道路，以虚实线为基准，车辆各自在右侧的车道内通行。

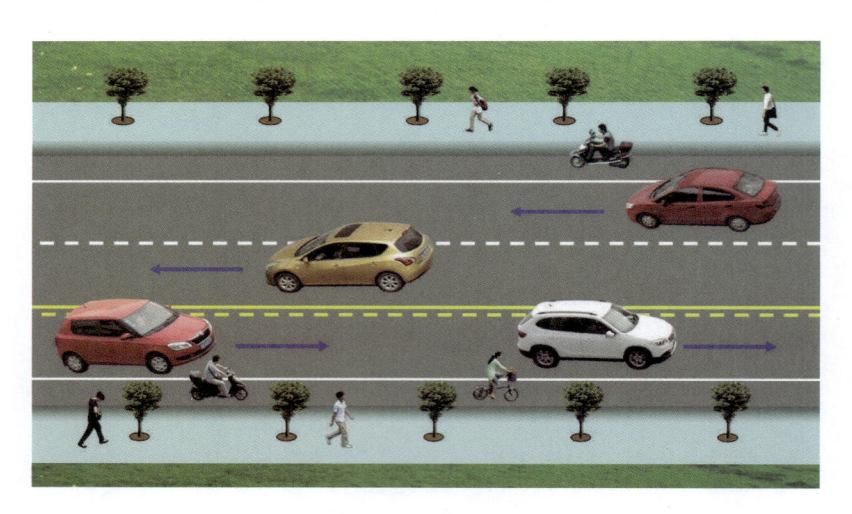

图9-6 车辆各自在右侧的车道内通行

如图9-7所示，受路面宽度的限制，有些道路只能施划3条机动车道，导致通行空间不能平均分配。一个方向分配两条机动车道，其内侧的车道位于黄色虚实线的实线一侧，不允许压线行驶或越线超车；另一个方向只分配一条机动车道，车道左侧位于黄色虚实线的虚线一侧，在不影响对向车辆通行的情况下，车辆可以跨越黄色虚实线实施超车。

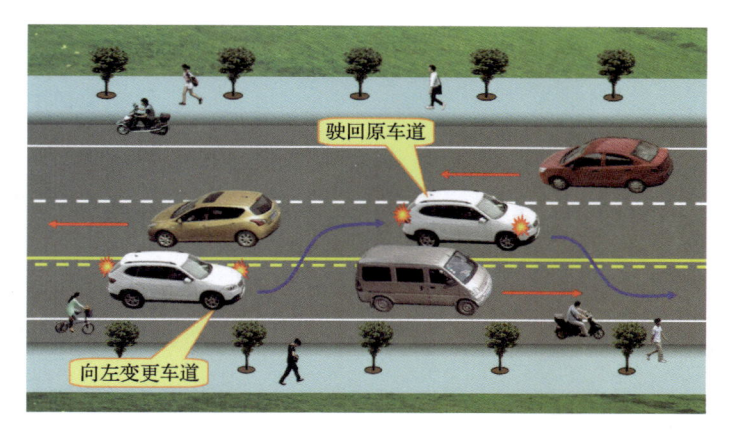

图9-7 虚线一侧的车辆可以越线超车

图9-8所示为竖曲线（拱形）路段黄色虚实线的分布。上坡车辆位于黄色虚实线的实线一侧，视距受限，不可越线超车；下坡车辆位于黄色虚实线的虚线一侧，居高临下，视野开阔，可以越线超车。

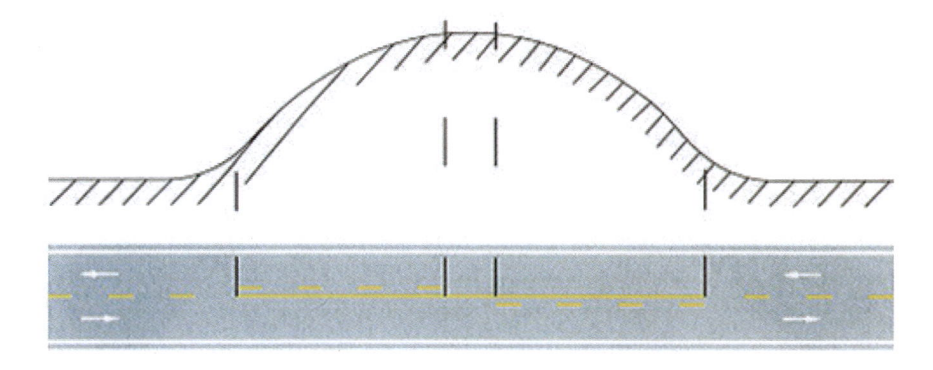

图9-8 竖曲线（拱形）路段黄色虚实线的分布

图9-9所示为平曲线（弯道）路段黄色虚实线的分布。在弯道的驶入段，车辆位于黄色虚实线的实线一侧，视距受限，不可越线超车；在弯道的驶出段，车辆位于黄色虚实线的虚线一侧，视野开阔，可以越线超车。

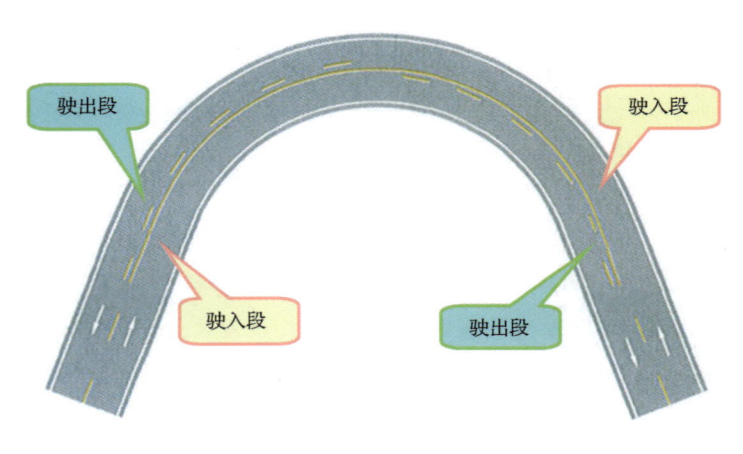

图9-9 平曲线（弯道）路段黄色虚实线的分布

图 9-10 所示为三条机动车道方向变换的过渡标线,中间车道方向转换。驾驶人要特别注意,过渡区的导流线为实线,不允许车辆驶入。

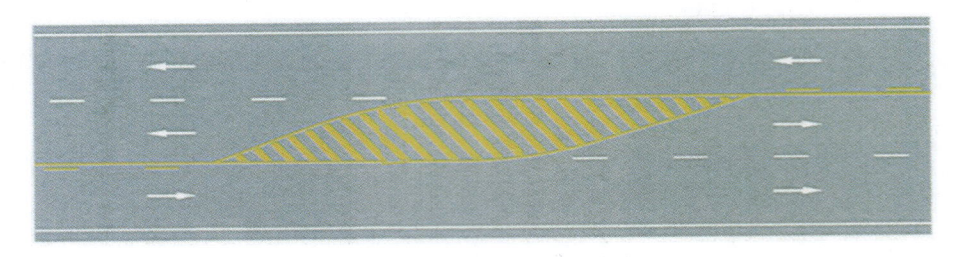

图9-10　中间车道方向转换

（3）黄色单实线。

如图 9-11 所示,在双向两车道的道路,如果道路中心施划的是黄色单实线,就表示禁止车辆压线行驶或越线超车。

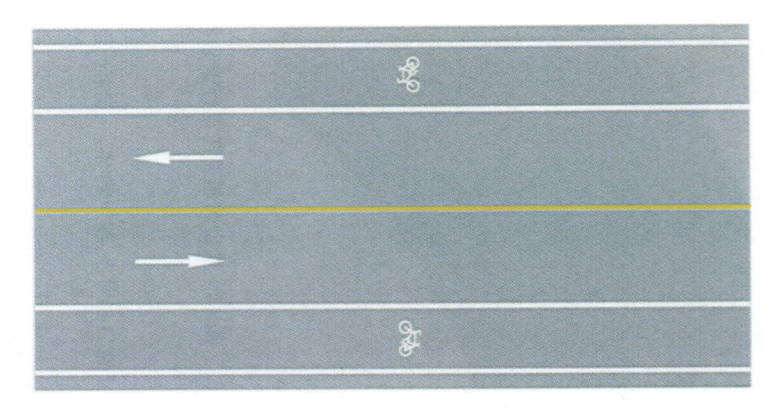

图9-11　黄色单实线

特别提示

如何让汽车在车道中间行驶

如图 9-12 所示,在平坦的地面沿着左侧的前后车轮画上一条直线,在这条直线的左侧相距 50 cm 处再画上一条平行线,然后坐在驾驶室内观察地面上的这两条直线,在视线通过挡风玻璃边缘的位置标上记号 A、B。有了这两个记号,我们就可以较为准确地判断左侧车轮在地面上的行驶轨迹了。

如图 9-13 所示,车辆行驶中,如果通过记号 A 的视线与地面标线重合,左侧车轮就会从标线上通过,在狭窄的道路、冰雪道路、泥泞道路行驶,可以借助这种方法准确控制车辆的行驶路线,以便跟随前车的车辙行进;如果通过记号 B 的视线与地面标线重合,那么车辆左侧与地面标线相距约 50 cm,车辆大致在车道的中间行驶。

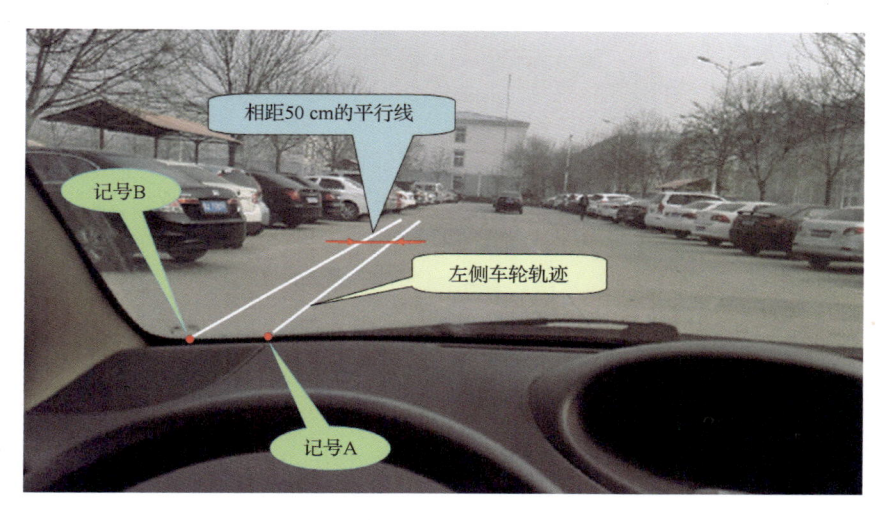

图9-12　在挡风玻璃下缘标上记号

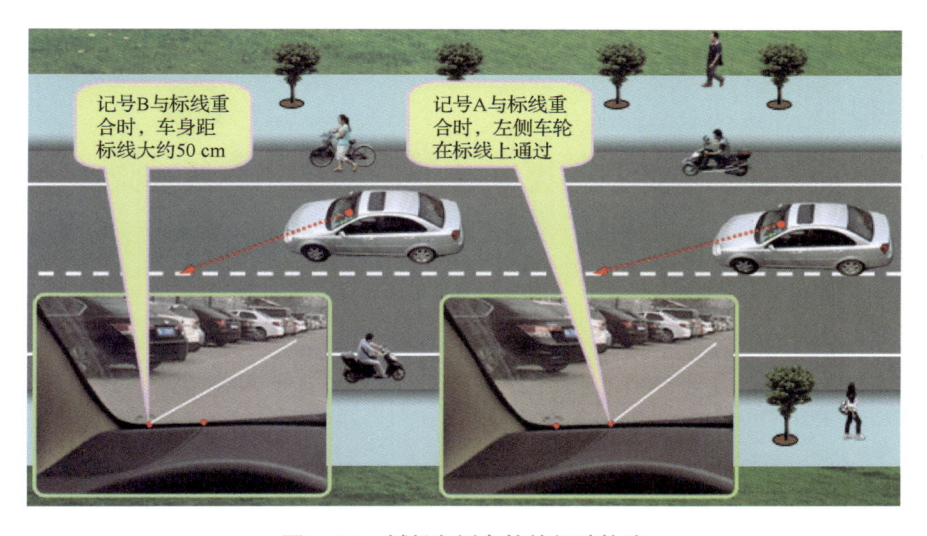

图9-13　判断左侧车轮的行驶轨迹

2. 禁止跨越同向车行道分界线

弯道、坡道、桥梁、隧道等路段超车容易发生危险，为了避免车辆在这些路段超车，将同方向车道分界线的白色虚线变为白色实线，禁止车辆在白色实线路段越线超车或变更车道，如图9-14所示。

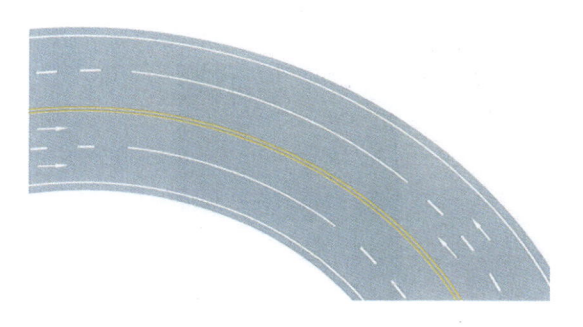

图9-14　禁止跨越同向车行道分界线

3. 禁止停车线

（1）禁止长时停车线。

如图 9-15 所示，禁止长时停车线为黄色虚线或黄白相间的线条，施划在路缘石的表面，表示该路段禁止在路边长时间停车，但允许上下人员或装卸货物的临时停车。

图9-15　禁止长时停车线

如图 9-16 所示，施划有禁止长时停车线的路段，一般同时设置禁止长时停车标志。

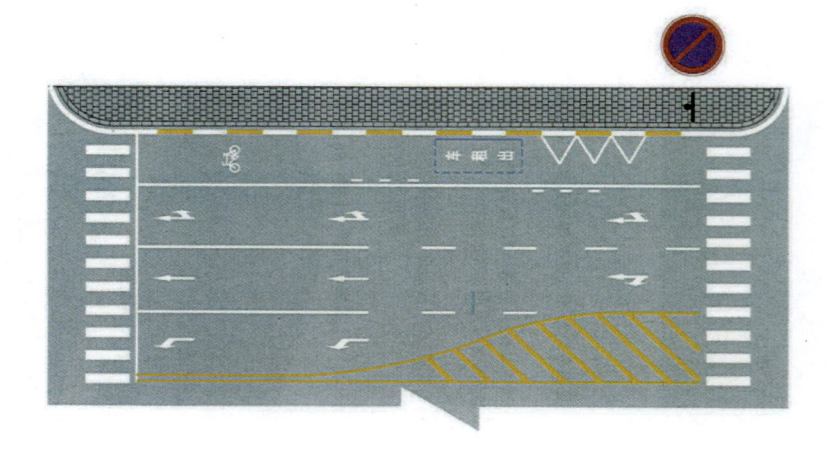

图9-16　禁止长时停车标线和标志一并使用

（2）禁止停车线。

如图 9-17 所示，禁止停车线为黄色线条，施划在路缘石的表面，表示该路段禁止在路边长时和临时停车，包括上下人员或装卸货物的临时停车。

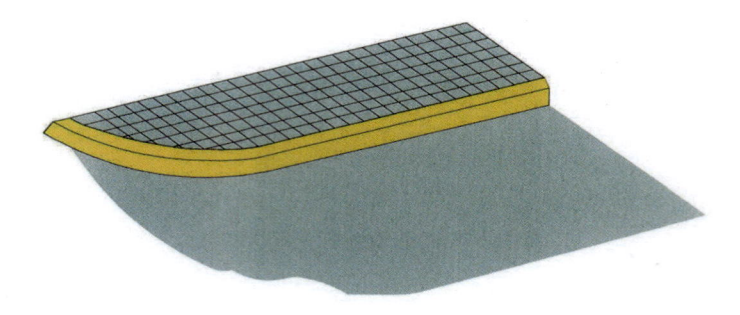

图9-17　禁止停车线

二、横向禁止标线

1. 停止线

停止线为白色实线，位于人行横道线的后方，表示车辆等候放行的停车位置，如图9-18所示。

图9-18　停止线

如图9-19所示，为了防止停止线对横向道路左转弯车辆的影响，可将停止线错位设置。

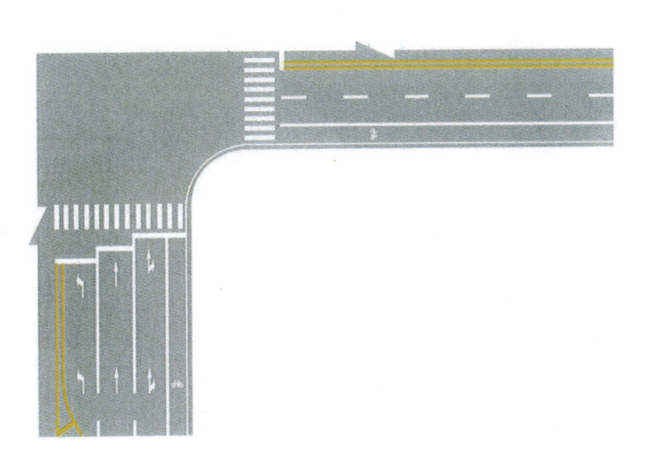

图9-19　停止线错位设置

特别提示

如何准确靠近停止线

让我们来做个实验，在汽车前保险杠前端下方的地面上画一条横线，然后坐在车内从左侧观察这条横线，对于普通三厢式轿车（其他车辆可以参照这种方法）来讲，这条横线大致位于左后视镜的下缘，如图9-20所示，请记住这个位置。

地面横线

图9-20　前保险杠与地面的位置关系

　　以上是在驾校训练"坡道定点停车和起步"时采用的方法，我们可以把这种方法运用到实际驾驶中去，如图9-21～图9-23所示。

从正前方可以看到地面上的停止线

图9-21　低速靠近停止线

在车的正前方已经看不到停止线了

图9-22　停止线进入车前视线盲区

图9-23　利用眼睛的余光从左侧观察停止线

由于每个人的身高、坐姿及车体尺寸有所区别，具体瞄准点会有所不同，这里只是对准确停车的方法加以介绍，具体情况还要通过图9-20所介绍的实验来确定。

2. 停车让行线

在没有交通信号灯的交叉路口，本着方便多数和干道优先的原则，设置了停车让行线。停车让行线包括两条白色平行实线和一个白色"停"字，如图9-24所示。车辆行驶至施划有停车让行线的路口时，驾驶人要停车观察干道有无过往车辆，只有在不影响干道车辆正常行驶的情况下，才能进入前方的路口。

3. 减速让行线

在没有交通信号灯的交叉路口，本着方便多数和干道优先的原则，设置了减速让行线。减速让行线包括两条白色平行虚线和一个白色倒三角形，如图9-25所示。车辆行驶至施划有减速让行线的路口时，驾驶人要降低车速观察干道有无过往车辆，要让干道车辆优先通行。

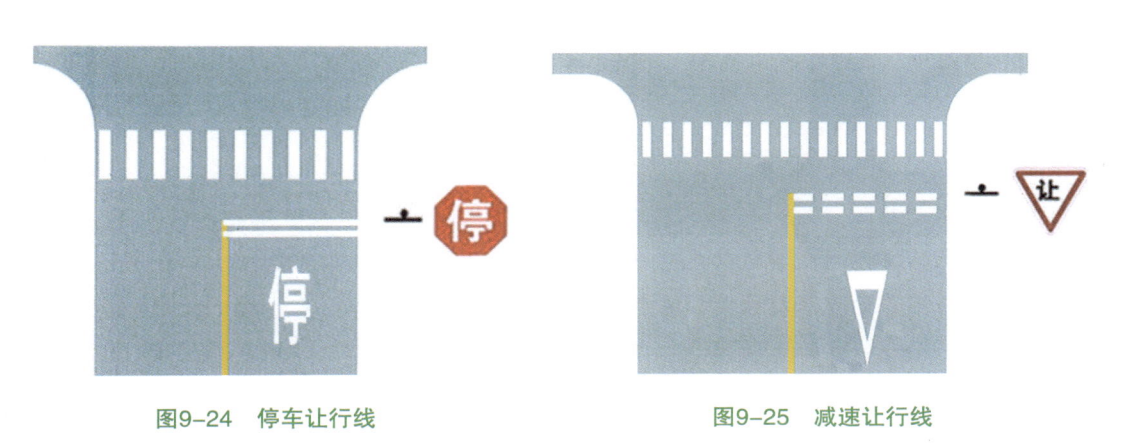

图9-24　停车让行线　　　　图9-25　减速让行线

三、其他禁止标线

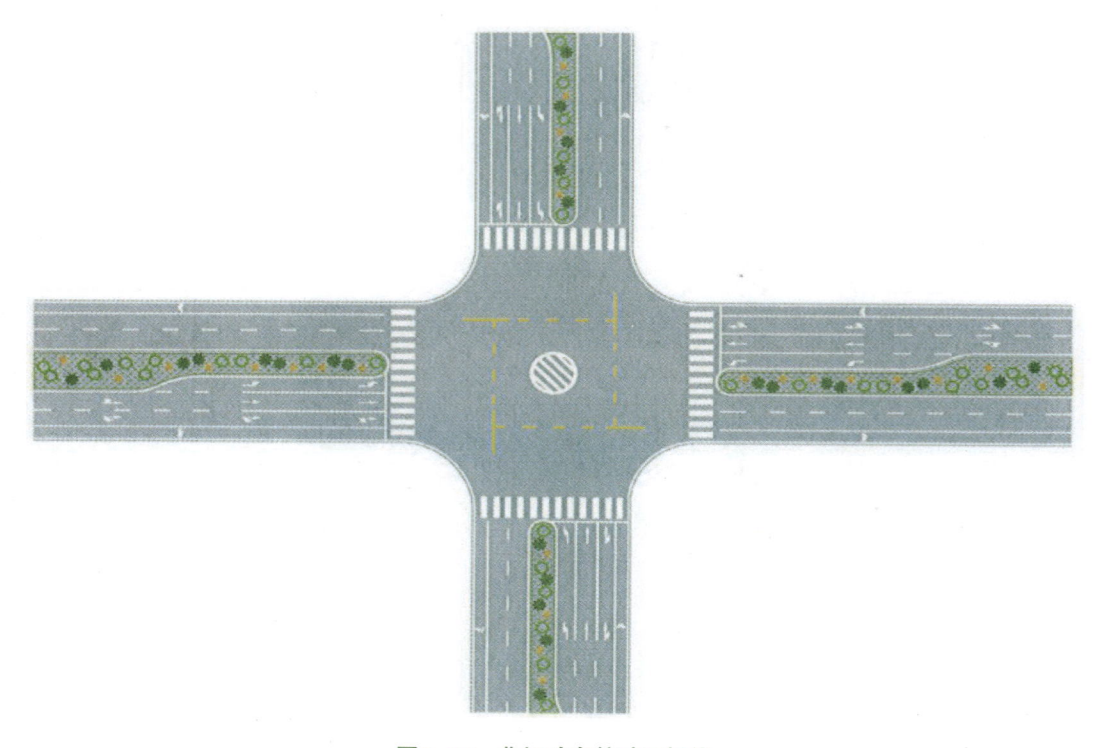

1. 非机动车禁驶区标线

非机动车禁驶区标线由四个方向的黄色虚线构成，路口内的非机动车不得进入黄色虚线构成的四边形区域内，如图9-26所示。左转弯的非机动车要围绕四边形的外围，经过两次放行信号完成左转弯。

图9-26　非机动车禁驶区标线

特别提示

非机动车如何进行二次左转弯

在大型交叉路口，机动车和非机动车的流量特别大，为了保障路口内的交通安全和畅通，可以在路口内施划非机动车禁驶区标线，以便实现机动车和非机动车分离。

当非机动车信号灯绿灯亮时，左转弯的非机动车直行进入路口，如图9-27所示。接下来，非机动车在四边形的延长线处停车，骑车人观察左侧的非机动车信号灯，如图9-28所示。当左侧的非机动车信号灯变为绿灯时，非机动车直行离开交叉路口，如图9-29所示。

图9-27　非机动车第一次直行

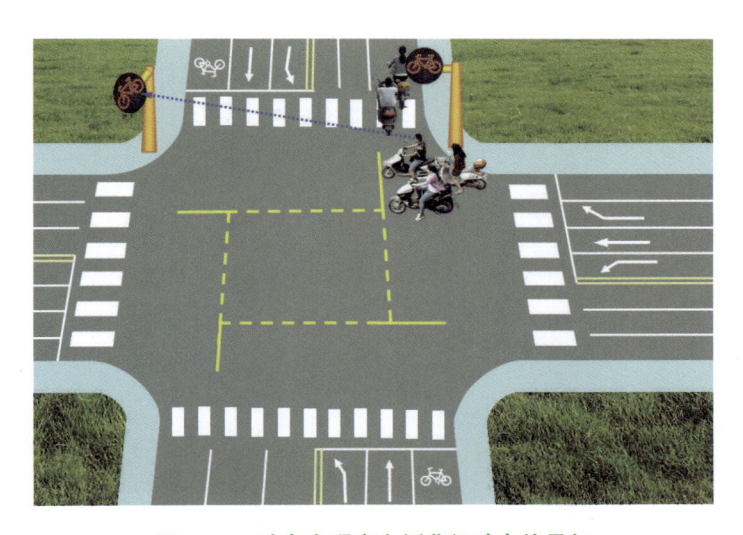

图9-28　骑车人观察左侧非机动车信号灯

图9-29　非机动车第二次直行

第九章　禁止标线

非机动车禁驶区不是绝对的,要根据交叉路口不同方向非机动车流量的大小来设置。如图9-30所示,路口南北方向非机动车流量比较大,施划了非机动车禁驶区标线,行经路口的非机动车不得进入黄色虚线方框内。

图9-30　南北方向施划非机动车禁驶区标线

如图9-31所示,该路口东西方向非机动车流量更大,为了给大量的非机动车提供停车等候的空间,施划了非机动车等待区标线,行经路口的非机动车可以进入黄色虚线方框内。

图9-31　东西方向施划非机动车等待区标线

2. 导流线

导流线的轮廓线为实线，内部填充平行实线或 V 形折线，颜色为白色，位于道路中心线的导流线为黄色，如图 9-32 所示。车辆在行驶中不得压导流线，不得在导流线划定的区域停车。

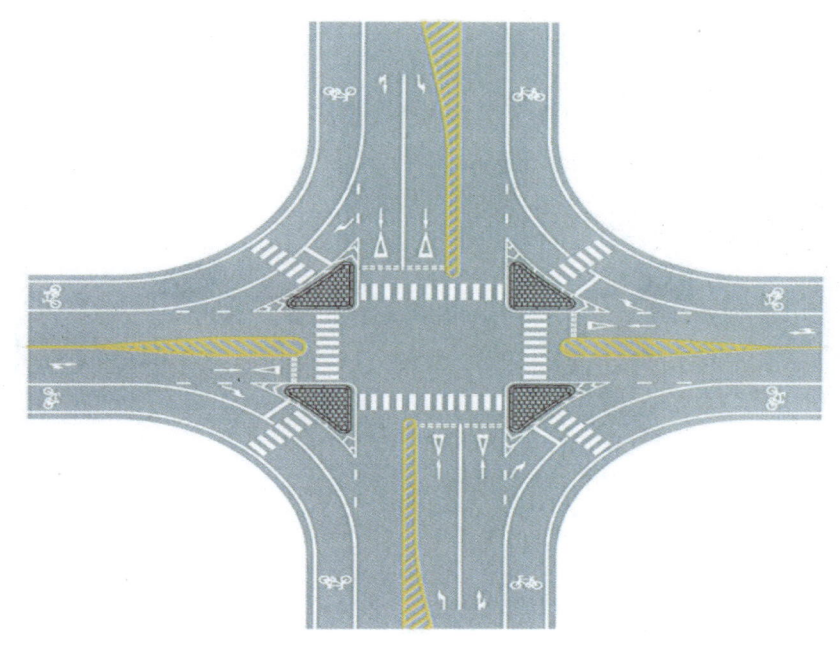

图 9-32　导流线

如图 9-33 所示，在直行与右转弯的非机动车道分流处，为了引导非机动车通行，施划了大面积的近似三角形轮廓的导流线。①

图 9-33　大型不规则路口导流线

---

① 参见 GB 5768.3—2009 第 5.8.2 条。

如图 9-34 所示，在高架路匝道的分道处施划了两处导流线。

图9-34　高架路匝道分道处的导流线

3. 中心圈

如图 9-35 所示，中心圈施划在交叉路口的中心位置，左转弯的机动车以中心圈为基准转小弯，左转弯的非机动车以中心圈为基准转大弯，以便实现机动车和非机动车在交叉路口内的分离。[①]

图9-35　中心圈

4. 网状线

在交叉路口，如果一个方向的车流处于滞留状态，那么与其垂直方向的车辆也将无法通过。如图 9-36 所示，为了避免出现这种情况，可以在路口的一定范围内施划网状线，在网状线划定的区域，车辆不得以任何理由停留。

---

① 参见GB 5768.3—2009第5.9.1条。

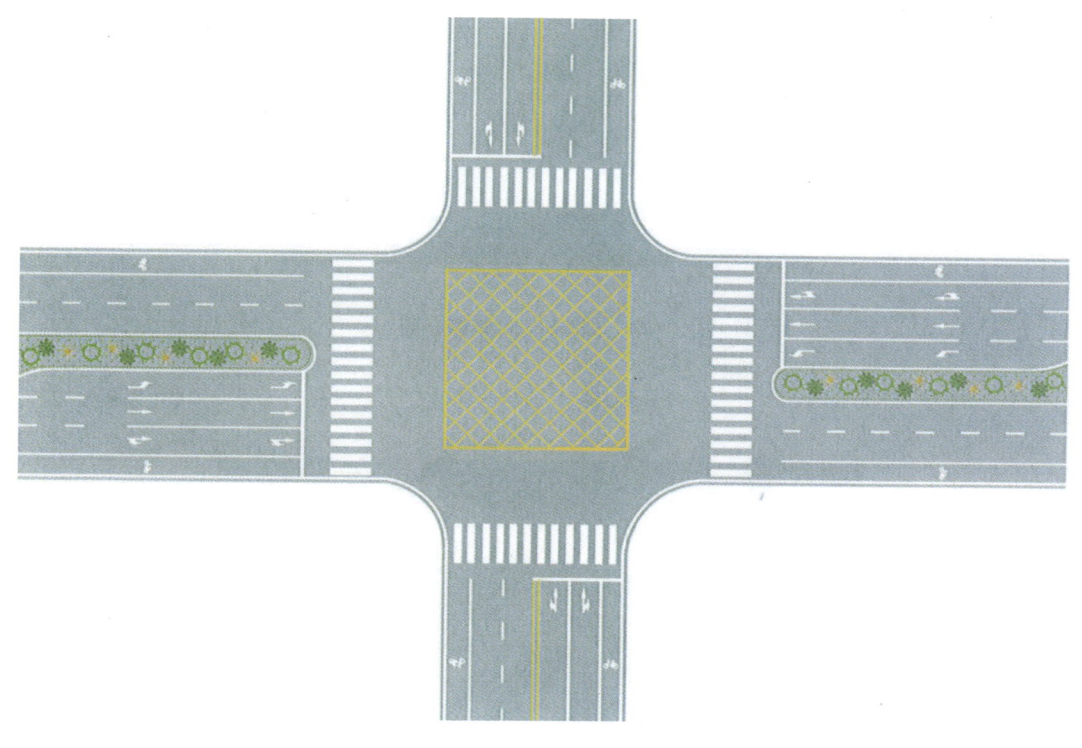

图9-36　网状线

如图 9-37 所示,医院门前不仅过往车辆多,而且车辆和行人进出频繁,一旦有车辆在医院门前停留,很容易造成交通堵塞。所以,无论出于何种原因,车辆都不应该在医院门前的网状线内停留。[①]

图9-37　医院门前的网状线

---

① 参见GB 5768.3—2009第5.10.1条。

如图 9-38 所示，图中的网状线是非机动车和行人通道，由于一辆轿车停在了网状线区域，阻碍了非机动车和行人正常通行。

图9-38　轿车停在了网状线内

如图 9-39 所示，交叉路口附近有消防队，如果该路口堵塞，就会影响消防车出警，所以在该路口施划了网状线。行经该路口的车辆在靠近网状线时，要与前车保持足够的跟车距离，在前车越过网状线和人行横道线，并且驶离人行横道线一倍车长之后，后车才能越过网状线。车辆在走走停停的车流中行进，一不小心就会误入网状线这种"禁区"。

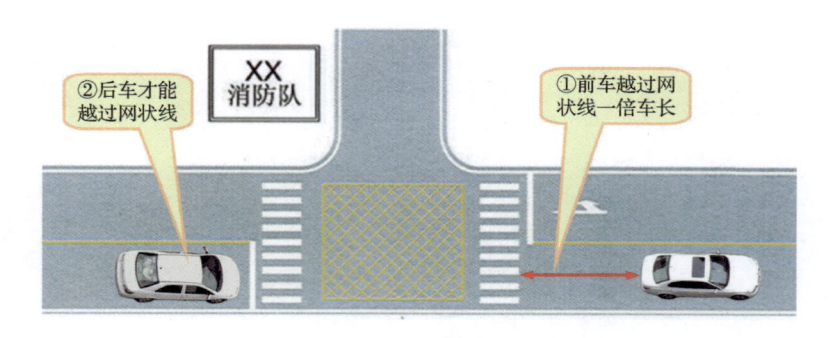

图9-39　有网状线的路段要增加跟车距离

5. 车种专用车道线

图 9-40 中的白色文字和黄色虚线构成公交专用车道线，该车道仅供公交车使用，行人及公交车之外的车辆不得进入。

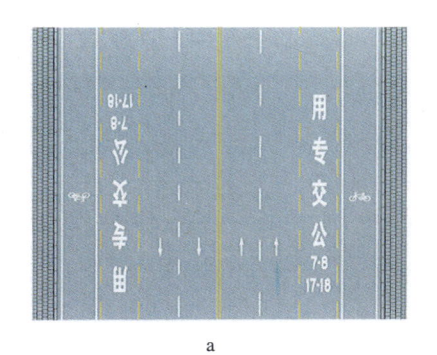

图9-40　公交专用车道线

如图9-41所示，位于道路右侧的公交专用车道为分时专用车道，在7:00—9:00和17:00—19:30这两个交通高峰时段内，仅供公交车使用，其他车辆不得驶入。[①]

图9-41　分时公交专用车道

施划有"小型车"文字的车道线为小型车专用车道线，表示该车道仅供小型车使用，如图9-42所示。

施划有"大型车"文字的车道线为大型车道标线，表示该车道供大型车及其他低速行驶的车辆使用，如图9-43所示。

---

① 参见GB 5768.3—2009第5.11.1条。

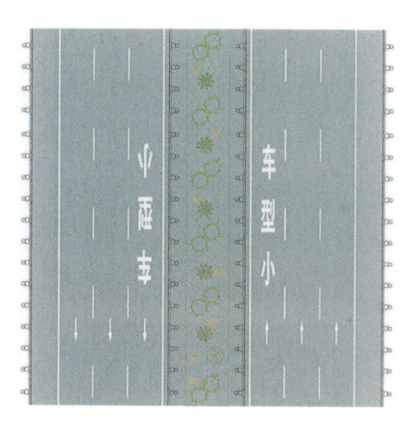

图9-42 小型车专用车道线

图9-43 大型车道线

施划有"多乘员专用"文字的车道线为多乘员车辆专用车道线，表示该车道仅供有多个乘车人的车辆使用，没有乘客或者乘客人数没有达到规定数量的车辆不得驶入该车道，如图9-44所示。

"多乘员车辆专用车道"简称HOV（High Occupancy Vehicle Lane）车道。如图9-45、图9-46所示，在HOV车道的起点和沿途架设有相应的交通标志，路面上施划有"多乘员专用"文字。

图9-44 多乘员车辆专用车道线

图9-45 HOV车道起点

图9-46　HOV车道沿途

对于车辆在 HOV 车道通行的具体规定，各地不尽相同。例如，有的地方规定在周一至周五 7:30—9:00、17:00—19:00 的交通高峰时段，交通标志指向的车道为 HOV 车道。在规定的时段内，核定载客人数为 9 人（含 9 人）以下的小型、微型载客汽车可以驶入 HOV 车道。在 HOV 车道行驶的车辆，车内乘员（含驾驶人）必须在 2 名以上，其中副驾驶座不得乘坐 12 周岁以下儿童。如果违反了这些规定，驾驶人就会受到记 6 分、罚款 200 元的处罚。

6. 禁止掉头（转弯）标记

如图 9-47 所示，路面上施划的黄色箭头和叉形符号为禁止掉头标记，表示禁止车辆在该车道掉头。图中的黄色数字表示禁止掉头的时间段。

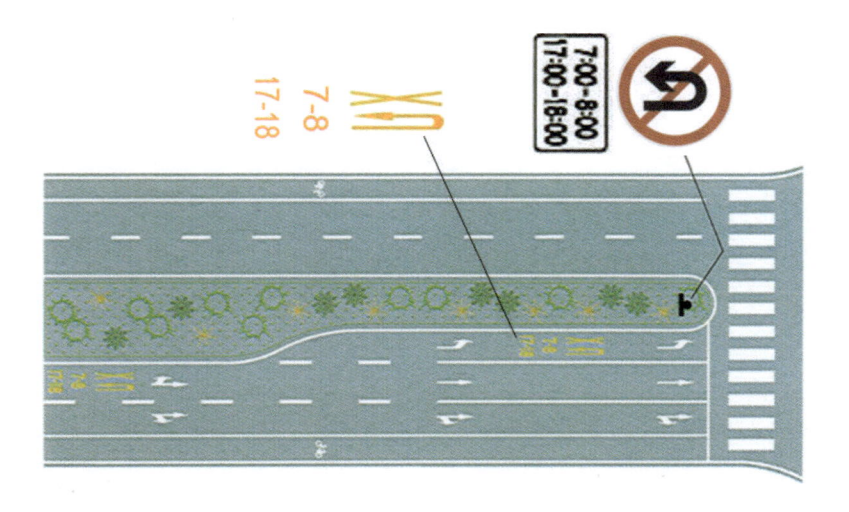

图9-47　禁止掉头标记

如图 9-48 所示，路面上施划的黄色箭头和叉形符号为禁止转弯标记，表示禁止车辆在该车道转弯。图中的黄色数字表示禁止转弯的时间段。

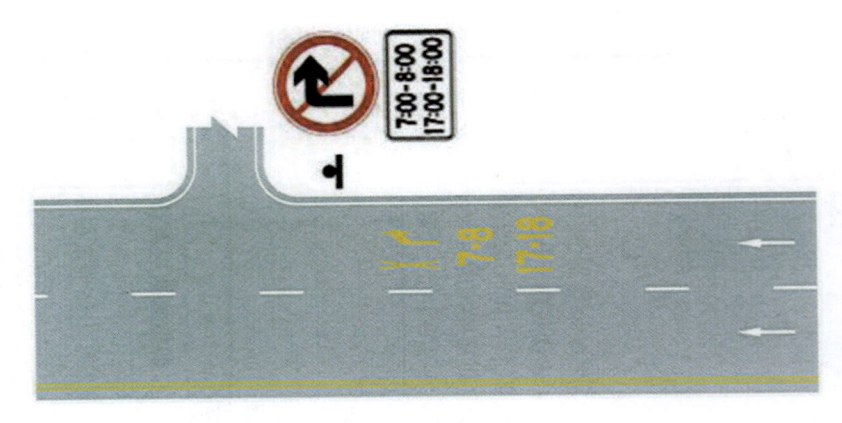

图9-48　禁止转弯标记

第十章
警告标线

一、纵向警告标线

1. 路面（车行道）宽度渐变段标线

图 10-1～图 10-5 中的黄色线条为路面（车行道）宽度渐变段标线，表示前方车道数量将发生变化，驾驶人要谨慎驾驶车辆，注意及时变更车道。

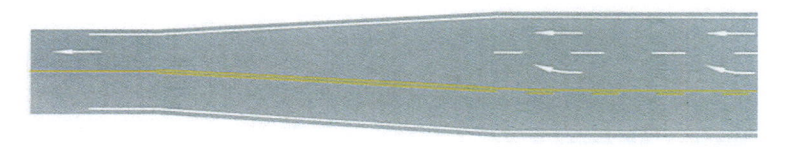

图10-1　三车行道变为双车行道渐变段标线

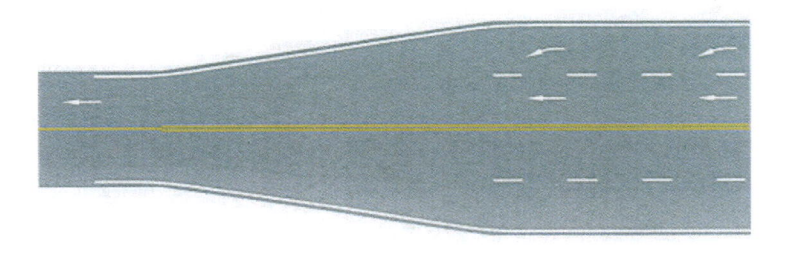

图10-2　四车行道变为双车行道渐变段标线

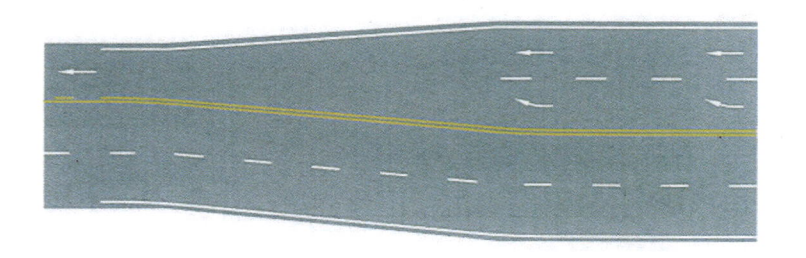

图10-3　四车行道变为三车行道渐变段标线

图10-4　三车行道填充线渐变段标线

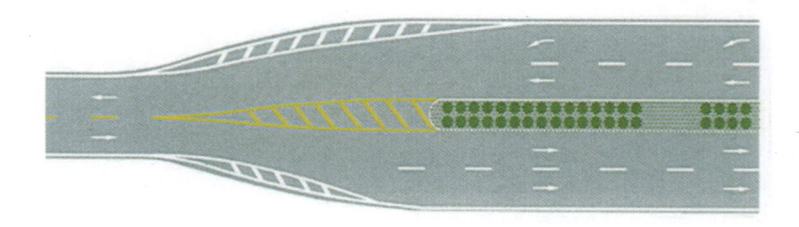

图10-5　两车行道变为四车行道填充线渐变段标线

如图10-6所示，车辆在宽阔的路段行驶，机动车和非机动车相互分离，这样的路段交通比较顺畅。当前方路段突然变窄时，机动车和非机动车混合通行，机动车驾驶人应该提前降低车速，确保行车安全。

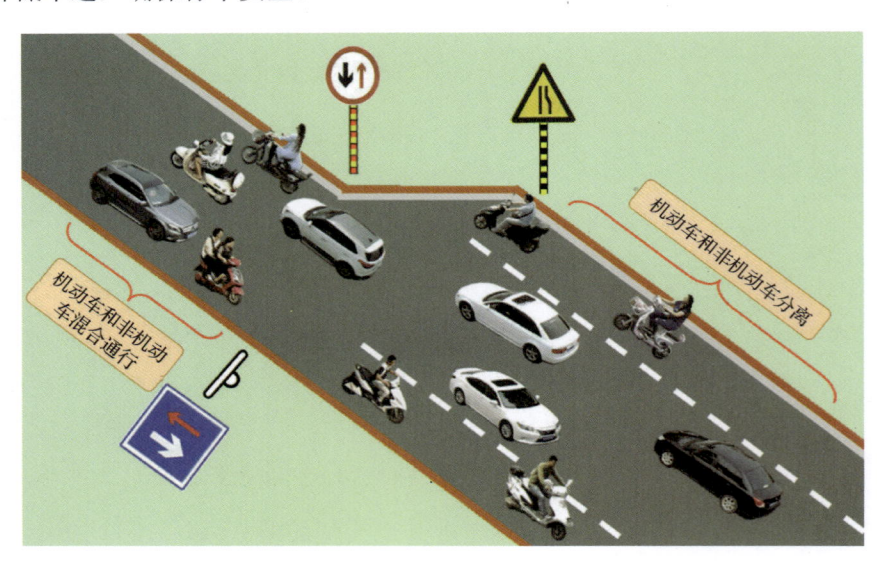

图10-6　右侧变窄路段

特别提示

变更车道有何技巧

（1）变更车道的基本注意事项。

如图10-7所示，不要连续变更车道，尤其在拥挤的路段，连续变更车道是危险的。

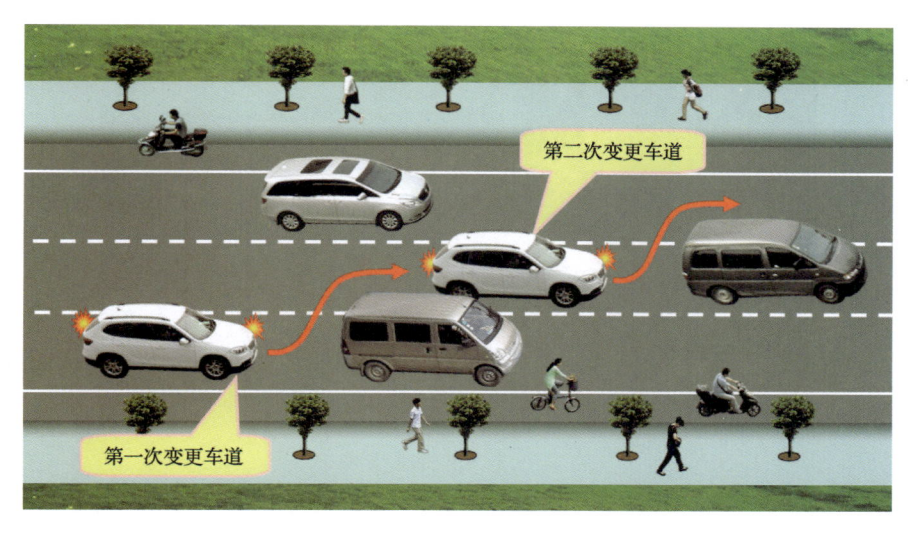

图10-7　不要连续变更车道

如图10-8所示，不要突然变更车道，要在开启转向灯3 s之后才能变更车道；不要因为变更车道而长时间骑压车道分界线；变更车道之后，要注意关闭转向灯。

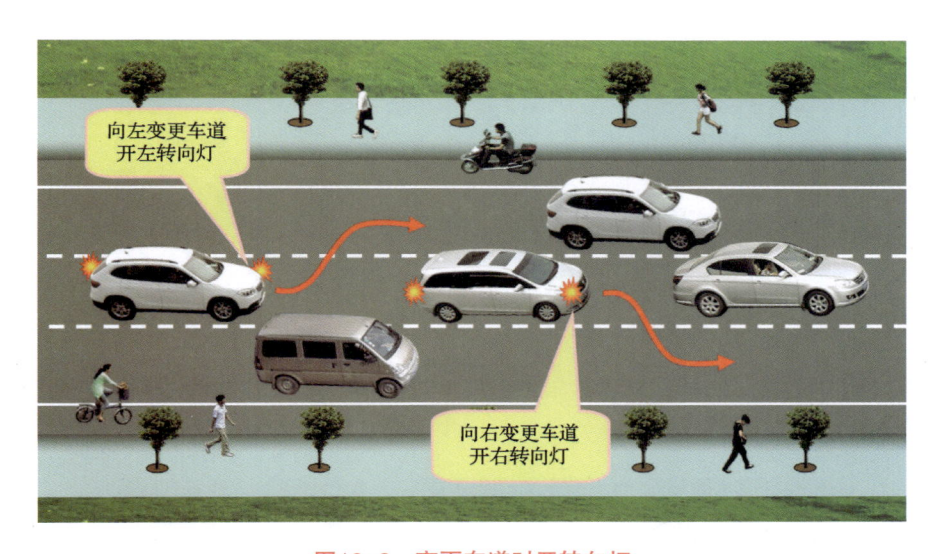

图10-8　变更车道时开转向灯

变更车道之前，驾驶人要利用后视镜观察将要进入的车道是否有来车，假如在后视镜看到将要进入的车道有来车，就根据当时的车速快慢、来车在后视镜中影像的大小确定能否变道。

（2）向右变更车道。

如图10-9所示，来车影像占右后视镜2/3以上时，不可向右变更车道。

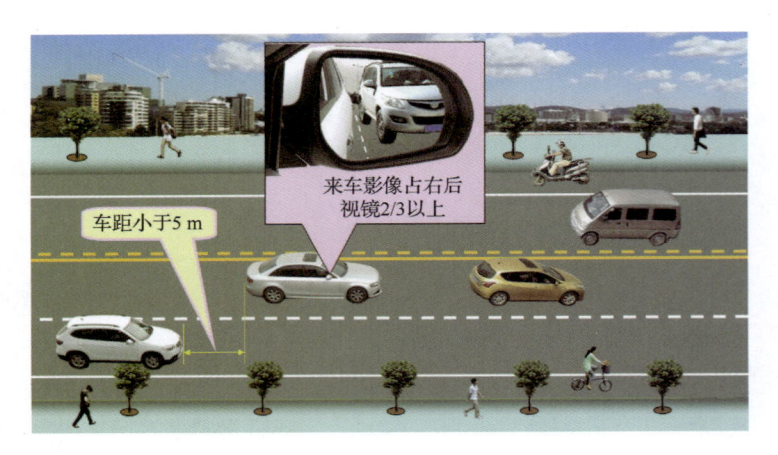

图10-9　不可向右变更车道

如图10-10所示，来车影像占右后视镜1/2以下时，在车速低于10 km/h的情况下可以向右变更车道。

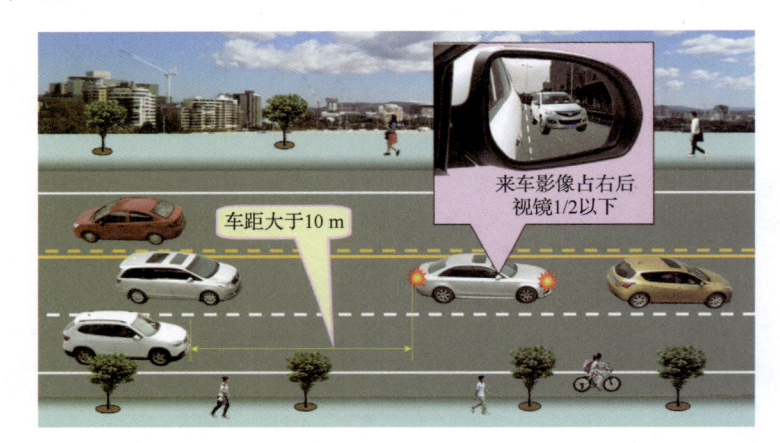

图10-10　两车相距10 m以上可以向右变更车道

如图10-11所示，来车影像占右后视镜1/4以下时，在车速低于20 km/h的情况下可以向右变更车道。

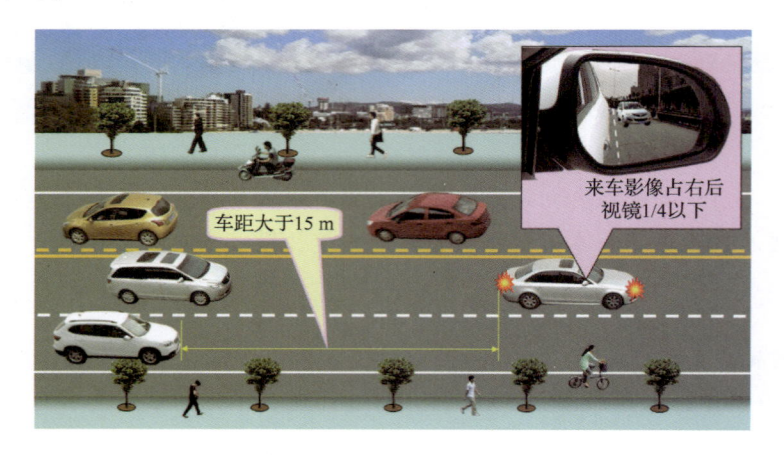

图10-11　两车相距15 m以上可以向右变更车道

（3）向左变更车道。

如图10-12所示，来车影像占左后视镜1/2以上时，不可向左变更车道。

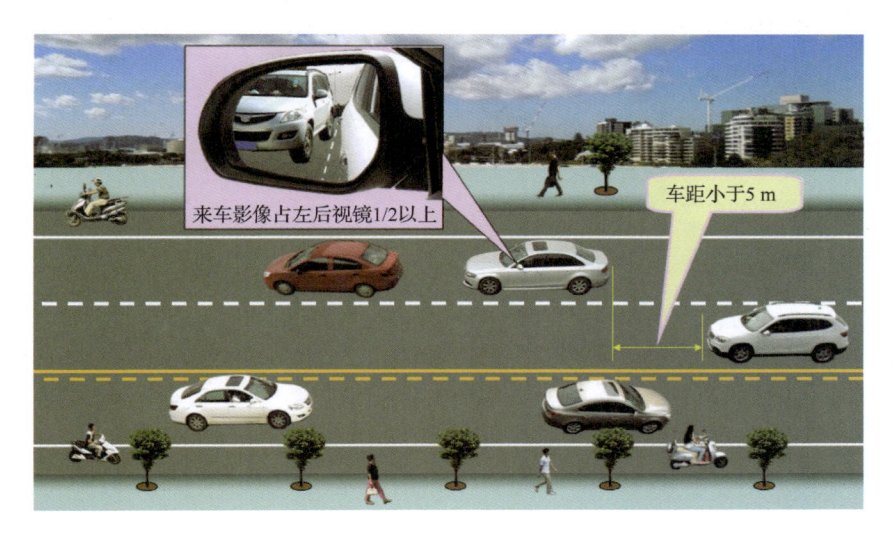

图10-12　不可向左变更车道

如图10-13所示，来车影像占左后视镜1/3以下时，在车速低于10 km/h的情况下可以向左变更车道。

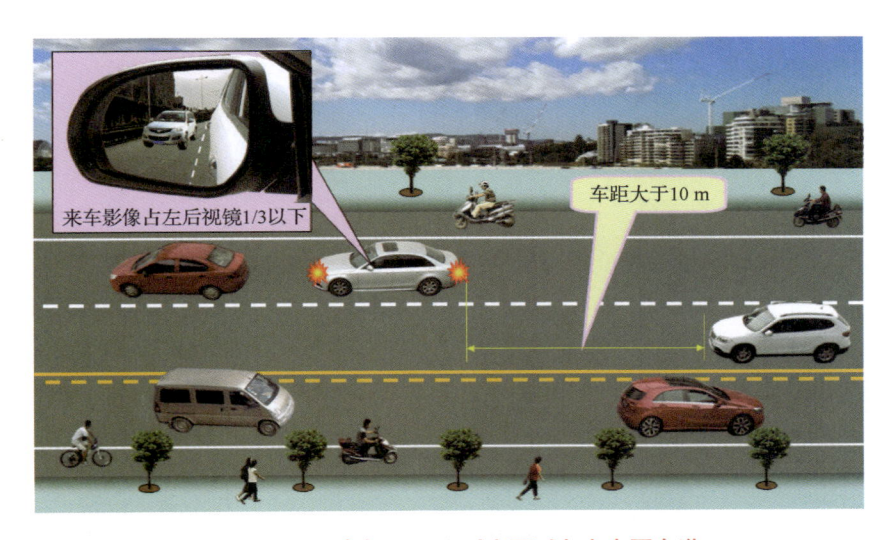

图10-13　两车相距10 m以上可以向左变更车道

如图10-14所示，来车影像占左后视镜1/4以下时，在车速低于20 km/h的情况下可以向左变更车道。

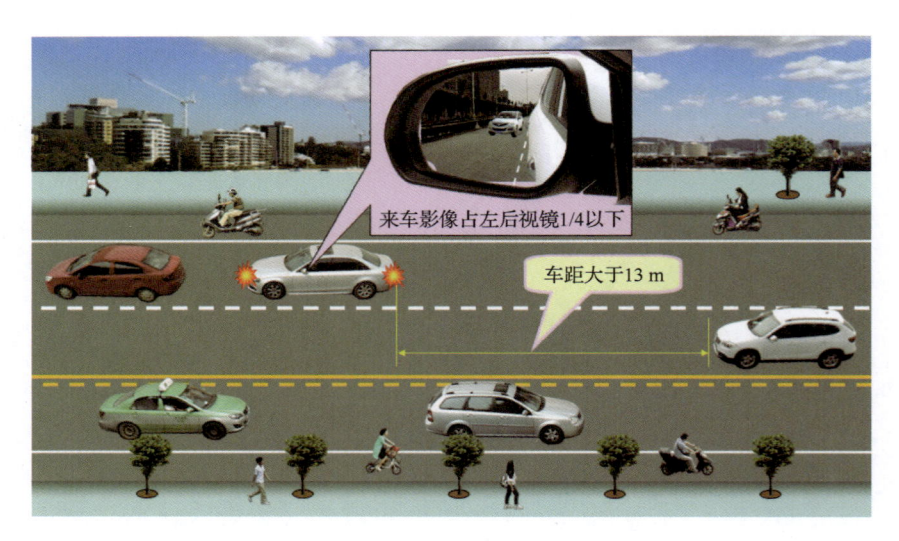

图10-14　两车相距13 m以上可以向左变更车道

2. 接近障碍物标线

接近障碍物标线的形式类似导流线，其作用是引导车辆避开路面上的障碍物。

如图10-15所示，由道路中心双黄实线过渡到中央分隔带或绿化带，分隔方式由法的隔离（双黄实线）转变为物理隔离（分隔带或绿化带），二者之间需要用接近障碍物标线来过渡。

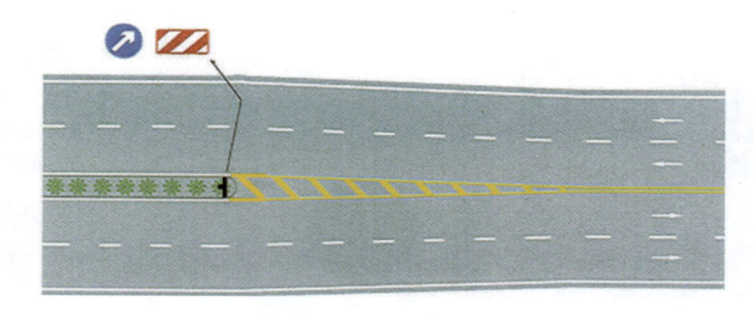

图10-15　接近实体中央分隔带标线

如图10-16所示，在收费岛的来车方向，由白色虚线（车道分界线）变为突出地面的收费岛，二者之间利用接近障碍物标线来进行过渡，有利于引导车辆顺畅通过收费岛。

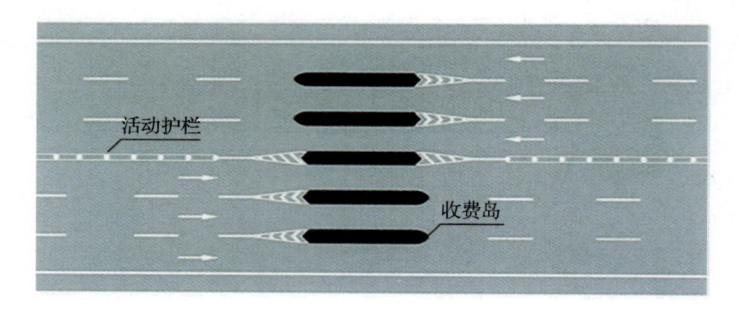

图10-16　收费岛地面标线

3. 铁路平交道口标线

铁路平交道口标线用于警示车辆驾驶人按照操作规程通过铁路道口，这种标线施划在铁路道口汽车的来车方向，包括交叉线及"铁路"二字、横向虚线、禁止超车线、停止线等，如图10-17所示。

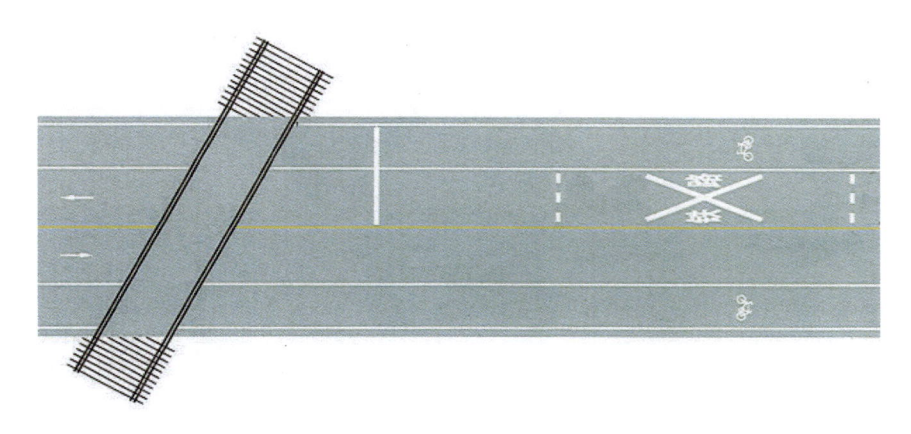

图10-17　铁路平交道口标线

特别提示

如何通过无人看守铁路道口

无人看守铁路道口不设信号灯，也不设安全栏杆，驾驶人要自觉遵守关于道路交通安全的有关规定，严格按照操作规程，确保通行安全。

如图10-18所示，无人看守铁路道口设有相应的交通标志和交通标线。当车辆距铁路道口约150 m时，驾驶人就应该做好通过铁路道口的准备，降低车速，缓慢靠近铁路道口。在到达铁路道口前，驾驶人必须停车瞭望，观察有无驶来的列车，只有在确认没有过往的列车后，才能挂低速挡，平缓驶过铁路道口。

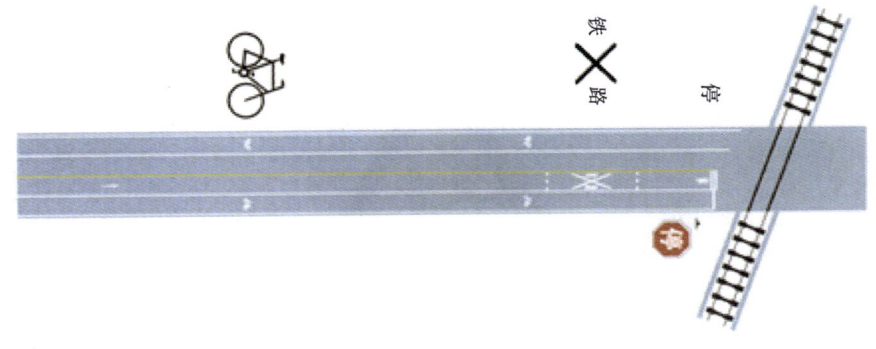

a. 无距离预告标志

图10-18　无人看守铁路道口

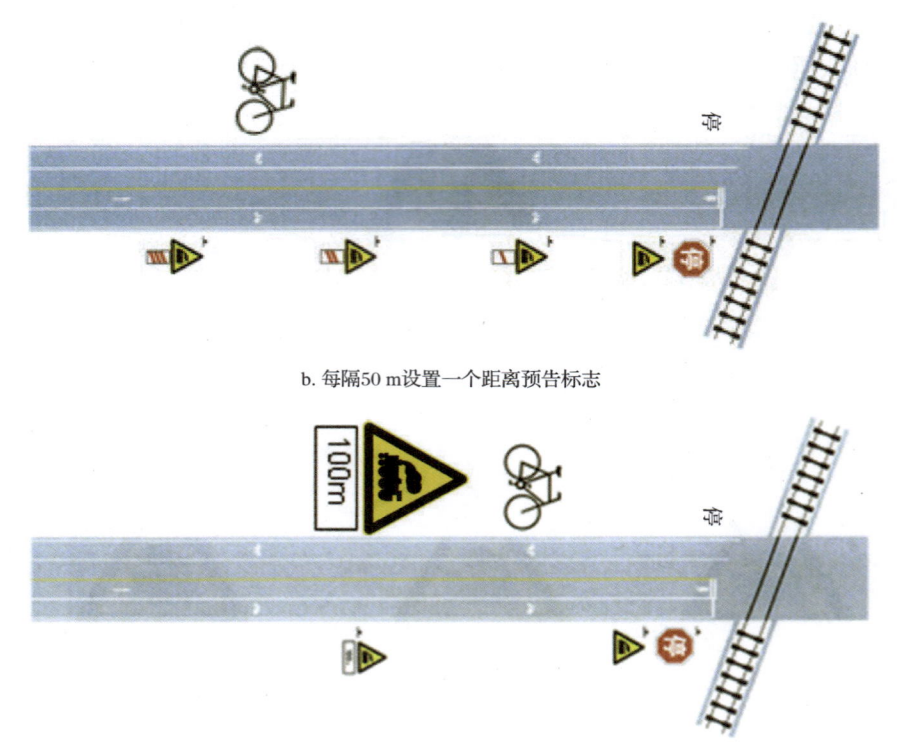

b. 每隔50 m设置一个距离预告标志

c. 距道口100 m处设置距离预告标志

图10-18　无人看守铁路道口（续）

通过无人看守铁路道口，务必遵守"一停，二看，三通过"的通行规则。为了确保行车安全，车辆在通过铁路道口时，最高行驶速度不要超过 30 km/h。

为了防止发动机熄火，不要在车辆行至铁路道口时换挡。

二、横向警告标线

1. 收费广场减速标线

如图 10-19 所示，收费广场减速标线用于提示驾驶人车辆到达收费广场时要减速慢行。

图10-19　收费广场减速标线

收费广场减速标线的设置，如图10-20所示。第一组减速标线设置于距广场中心线50 m的地方，收费广场减速标线设置数量为5～10组。①

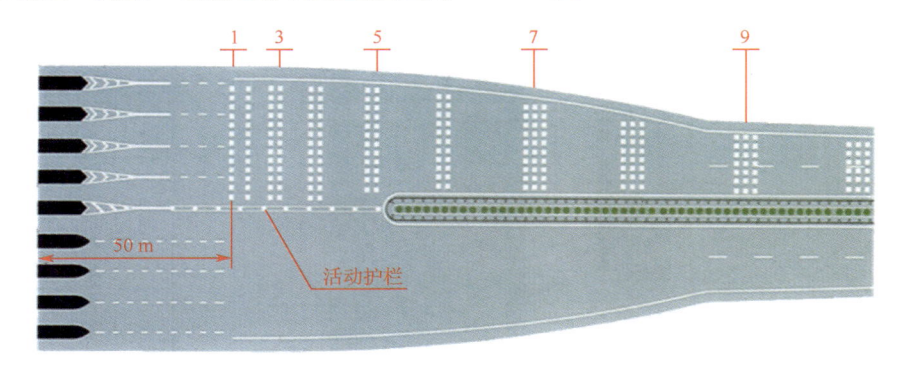

图10-20　收费广场减速标线的设置

特别提示

如何通过高速公路收费站

高速公路收费广场施划有若干减速标线，车辆通过收费广场时要平稳减速。

如图10-21所示，车辆在进入收费站之前，要注意观察通道上方的交通信号灯和交通信息告示板，以免误闯信号灯，或者因不了解高速公路的临时规定而发生交通安全违法行为。

图10-21　注意信号灯和告示板

2. 车行道减速标线

车行道减速标线设置在机动车道内，用于提示车辆驾驶人前方应减速慢行。车行道减速标线分为横向减速标线和纵向减速标线，如图10-22、图10-23所示。

---

① 参见GB 5768.3—2009第6.5.2条。

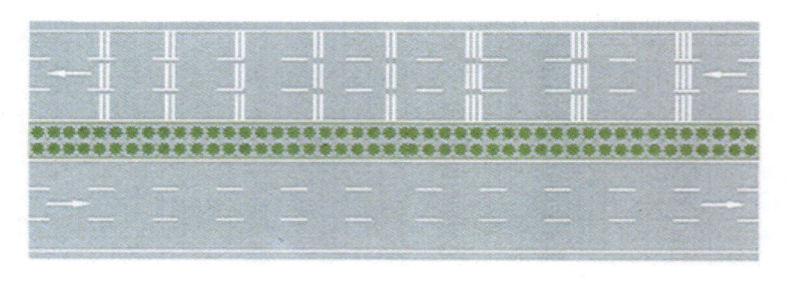

图10-22　车行道横向减速标线

图10-23　车行道纵向减速标线

特别提示

为什么进出地下停车场必须减速慢行

地下停车场的进出口过道有较陡的坡道，车辆进入地下停车场时要下陡坡，假如事先没有降低车速，在重力的作用下，车辆就会因车速过快而发生危险。如图10-24所示，在有些地下停车场的进出口过道施划了波浪线，可以在视觉上增强车辆驾驶人的动感，促使车辆驾驶人降低车辆的行驶速度。

图10-24　地下停车场进出口处地面上的波浪线

如图 10-25 所示，地下停车场的路网纵横交错，车辆进入地下停车场之后，驾驶人要注意观察地面的导向箭头，注意地面上方的指示标志，寻找合适的停车位，避让进出车位的车辆，避让寻找电梯口的行人。在这样复杂的情况下，驾驶人必须做到注意力集中和对注意力的合理分配，要做到这些，就必须降低车速，给自己留出运筹的时间。

图10-25　地下停车场奇特的交通标志

车辆驶出地下停车场时，弯道多，随时会有视线盲区。车辆到达地下停车场出口时，处于上陡坡行驶的状态，视距短，观察路面困难，操作难度增加。如图 10-26 所示，在地下停车场的出口处要识别车辆牌照或收取停车费用，驾驶人更要做好降低车速和停车的准备。

图10-26　停车场出口要识别车辆牌照或收取停车费用

三、其他警告标线

1. 立面标记

立面标记为黄黑相间的倾斜线条，用于提醒车辆驾驶人车行道或近旁有高出路面的构造物，如图10-27所示。

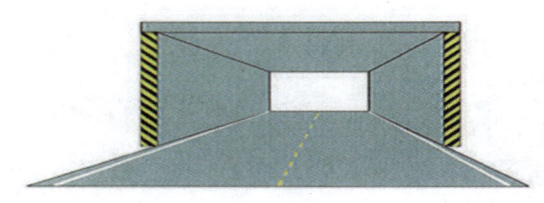

图10-27　立面标记

如图10-28所示，高架路入口匝道处的限高杆及其支架上施划了立面标记。

图10-28　限高杆上的立面标记

如图10-29所示，为了避免车辆在立交桥下方穿行时发生危险，特意在立交桥下方的墩柱上施划了立面标记。

图10-29　立交桥墩柱上的立面标记

2. 突起路标

如图 10-30 所示,突起路标设置在车行道分界线、车行道边缘线、弯道等处。[1]

图10-30　突起路标

突起路标由固定在路面上起标线作用的突起标记块组成,当车辆从突起路标上碾过时车内会发出震荡声响,这种震荡声响会迫使驾驶人自动降低车速。

---

[1] 参见GB 5768.3—2009第7.1.1条。

第十一章
容易混淆的标志标线

通过对本书的阅读，我们可以看到交通标志、交通标线的种类和式样繁多，不仅如此，有些交通标志或交通标线的图案、符号及含义还存在相似之处，这难免会影响我们对交通标志和交通标线的准确把握。为了便于记忆，本章分别将那些容易混淆的交通标志、交通标线加以对比。

一、交通标志对比

容易混淆的交通标志的对比，如图11-1、图11-2所示。

窄桥	两侧变窄	反向弯路	连续弯路
注意行人	注意儿童	下陡坡	连续下坡
有人看守铁路道口		无人看守铁路道口	
限制速度	最低限速	机动车行驶	机动车车道
限制质量	限制轴重	环形交叉路口	环岛行驶

图11-1　交通标志两两对比

图11-1 交通标志两两对比（续）

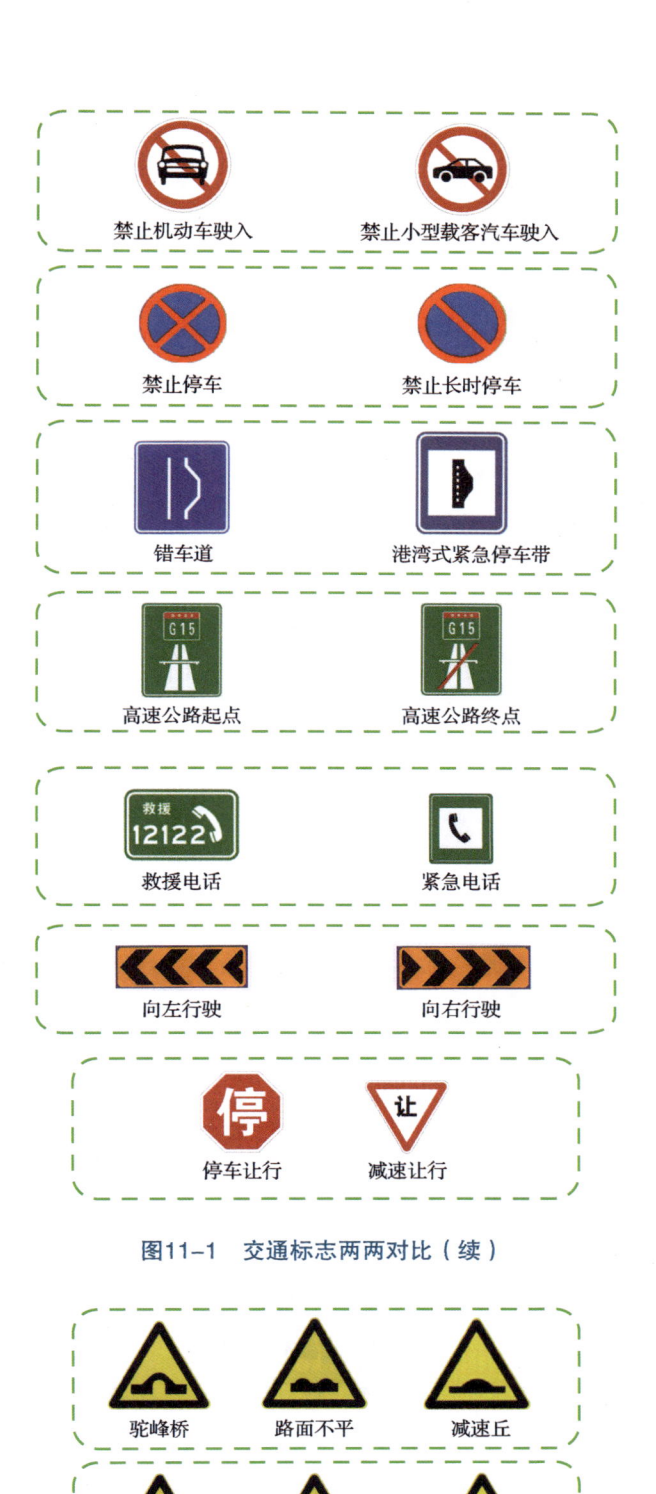

图11-2 多个交通标志的对比

第十一章 容易混淆的标志标线

| 禁止通行 | 禁止驶入 | 停车检查 |

| 直行 | 单行路直行 | 直行车道 |

| 机动车行驶 | 机动车车道 | 多乘员车辆专用车道 |

| 注意非机动车 | 非机动车行驶 | 非机动车车道 |

| 左侧通行 | 两侧通行 | 右侧通行 |

| 双向交通 | 会车让行 | 会车先行 |

| 注意儿童 | 注意行人 | 人行横道 | 行人 |

| 公交专用车道 | 公交车辆和通勤班车专用车道 | 快速公交专用车道 | 有轨电车专用车道 |

| G105 国道编号 | S203 省道编号 | X008 县道编号 | Y002 乡道编号 |

图11-2 多个交通标志的对比（续）

二、交通标线对比

容易混淆的交通标线的对比，如图11-3、图11-4所示。

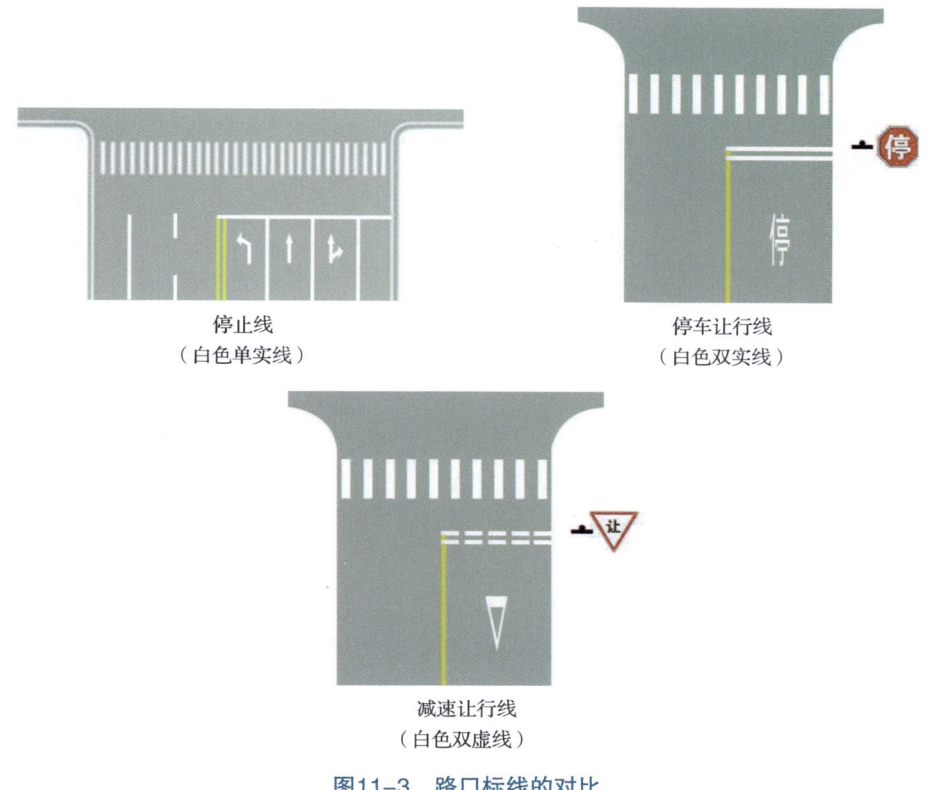

停止线
（白色单实线）

停车让行线
（白色双实线）

减速让行线
（白色双虚线）

图11-3　路口标线的对比

可跨越同向车行道分界线
（白色虚线）

可跨越对向车行道分界线
（黄色虚线）

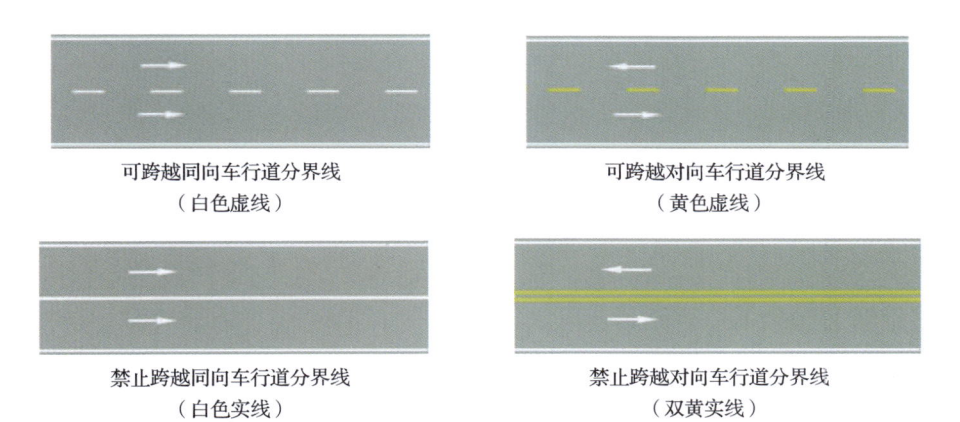

禁止跨越同向车行道分界线
（白色实线）

禁止跨越对向车行道分界线
（双黄实线）

图11-4　虚线与实线的对比